JN309607

無限意識

佐藤洋行
Hiroyuki Sato

明窓出版

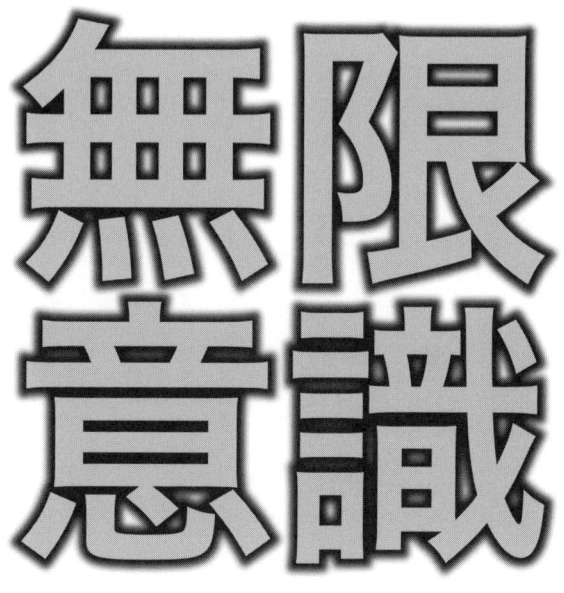

佐藤愛美絵

目次

はじめに

この本では、隠された真実の歴史を知り、そのことから、地球の人類がある方向性を持って意識の進化をしていく過程を明らかにします。そのことで、私たちの本来の自分たちの姿と心を取り戻すことを目的としています。

現在の地球には、セト教団の意識操作に基づく情報操作によって歪められた歴史観が作り上げられています。歴史の真実を知ることによって、私達がマインドコントロールされていること、全ての情報操作はある目的のためになされていることを理解しましょう。そして、この洗脳された状態から真に目覚め、真理を知ることで地球の人類はバージョンアップすることが出来ます。洗脳から醒めるためには、まず洗脳されている状態を経験しなくてはなりません。そのためにも、情報操作によって意識の支配をされていることも宇宙の壮大なシナリオの一つでもあるということを理解しましょう。そして現在、洗脳から醒めた人がどんどん増えてきています。

しかし、真の意味での地球におけるシステムの変革にはまだまだほど遠い状況にあるのも事実です。しかしながら、既存の価値観に基づいた集合意識が変化しかかっているために、この集合意識が地球のエーテル層に投影され、過去になかったような気候の変動などが起こっています。つまり、私たちの魂レベルから現象レベルにまで降りてきていて変化を促されている状況です。資本主義という、富裕層が貧しい者達から搾取するという構図のものはもはや存続出来ません。人々を支配しようとする意図を持ったものは存続出来ません。これからは、奪い合いの循環から与え合いの循環に変換することになります。これが、キリスト教社会で言われている神の千年王国のビジョンにほかなりません。

このビジョンを出現させるためのシナリオは何パターンもありますが、地球における人類の意識次第でどのパターンになるかを選択することになります。現在の状況は、とことん追い詰められないと目覚めない、すなわち、かごめ唄における夜明けの晩（夜明けの最終段階）状態になっています。夜明け前が最も暗いのです。閉塞感があるのは当たり前のことなのです。なぜならば既存の価値観（パラダイム）の延長線上に未来がないのですから。既存の価値観（パラダイム）を変換する以外に未来の地球に存続する方法がないのです。それが〝目覚め〟なのです。

地球の種族は、この太陽系の惑星の中で最後を飾ってバージョンアップしようとしています。そして、それを行えるのは地球人類以外には出来ないのです。私たちは人に気づかせることは出来ません。気づきはその人の問題だからです。自らが変化する以外に方法はないのです。この本があなたの気づきのきっかけになることを祈ります。

この本の中で提示している内容は、私が今まで生きてきた中で知り得た、教科書や、通常、正統とされる歴史からはかけ離れた事柄です。これらのベースにあるのは、旅をしたり歴史書の類を読んだ折にビジョンでみたことなどです。私自身の過去世を思い出した内容も含まれています。アストラル体となって時空を超えて体験したことも含まれています。世間一般では異端とされる内容が多いでしょうし、これまで〝正史〟と言われてきたものとはまるで違った形の内容が多いと思います。

もともと歴史というものは、「勝てば官軍」という言葉もあるくらいで、官軍の歴史であります。戦争などで勝ったものが自分の行いを正当化するために事実を歪めてきたことは当然のことです。占領された人民が征服者に対して恨みや反抗意識を持っているので、権力者側としてはいつ寝首をかかれるかわからない状態ですから、それを根本的に排除するには徹底的に洗脳するかとことん圧政を敷き、反乱分子を根絶やしにするなどの方法をとることになります。つまりそれまでの信仰などを根本的に変化させることを強要するために宗教戦争に発展したりしているわけです。教科書に書いてある史実（教科書が正統とされる代表的なものと考えられるために教科書を取り上げています）とはその歪曲されたものの集積であり、それぞれの時代の権力者が歪めてきた結果なわけです。いくつか例をあげると、秦の始皇帝の焚書坑儒や、聖徳太子の、神道から仏教への変換及び歴史の塗り替え、ローマによるアレキサンドリアの図書館の焼き討ち、スペインのインカの書物の抹殺など数え切れないほどあります。

つまりそれだけ現在の歴史は真実から離れたものとなっているのです。私たちは、本来歴史とはそういうものだという非常に簡単な見方をすることを忘れたが故に、教科書の内容を疑いもせずに受け入れてしまっています。そして、考えることを促さない洗脳教育そのものに最も問題があるように思っています。現在、教科書の内容はどんどん書き換えられています。10年前、20年前の教科書にはあった記述はどんどん書き換えられているのです。なぜなら、現代は全ての虚飾が暴かれる時代だからなのです。

私は、そんな今の時代にふさわしい、私にとって真実と思われる歴史を提示します。もちろん、史実としては間違っていないものも沢山ありますが、古代に関しては私たちの先入観によってかなり歪められています。歴史は多面性を持っています。それぞれの時代時代で人々の価値観も違えば善悪の基準も違います。同じ現象を見ても人によって見え方が違います。立場によっても全然別の感情を持ってみることになります。

現在の労使関係も同じように立場の違いによって全然違う見解をとるのです。経営者になったことがない人は経営者の感覚は分からないでしょう。経験が人を作るという言葉がありますが、経験しないことには立場の違いというものは理解しがたいものがあります。歴史においても同様で、どの立場で捉えるかによって著しく評価が分かれるものなのです。ともかく、ここに示しているのは私の見え方の提示ですので、一つの仮説として捉えていただき、何らかの気づきを得ていただければと願います。

なお、私の歴史観においては、魂は滅びることがなく永遠であり、輪廻転生を繰り返していること、御霊分けといわれる、同じ魂が分かれて転生する現象が普通のことであり、同じ過去世の記憶を持っている人は、ほかにも沢山いるということなどが前提となっています。これは、私が２００４年に体験したことを通して思い出したものであり、地球では魂が肉体を持って３次元の体験をしていること、最近まで、基本的に過去世の記憶は忘れて地球上に生まれてくるというルールがあった（そうでないと前の記憶によるカルマに縛られて新しい体験がしづらいためです）ということがわかっています。地球も意志を持っている存在であり、私たちは地球が提供してくれる学舎で集団幻想を見ている存在であるといえます。

第１章　地球の時間の始まりとアセンション

地球が今の地球の時間の進み方を始めたのは、月が地球に監視役として設置されたときからです。月そのものは人工惑星であったのですが、太陽系のヒューマノイド（人間型生命体）の進化を促すように、太陽系内の惑星全てをサポートしてきました。つまり惑星の衛星として時間を作り出すことによってサポートしてきたのです。まるでスターウォーズのデス・スターのような存在とも言えます。というか、デス・スターが月をパロディ化している表現ともとれます。ともかく月が地球のまわりでサポートすることで、地球における様々な現象を担い、時間を作り上げたのです。これは現在の地球の種族が作られる前、まだまだ一部の異星人達が降りていたころの約50万年前になります。

私は今回の生において4歳か5歳のころに幽体離脱をして月まで行っています。そこで、月が球体をしていることや内部が空洞であることを知ったのです。なお、この時の経験は上位周期の存在によるアブダクションだったかもしれないのですが、その頃から誰もいないような森の中に一人でいることを促されるようになったのも事実です。幼少の頃には一人でよく森の中に入って遊んでいたのです。

実を言うと太陽系内の惑星には全てヒューマノイド型の人類がいます。現時点で、太陽系ではは太陽系連合に属していない惑星の住人は地球人だけです。宇宙空間においては因果関係における原因と結果の間の時間がほとんどなくなります。これは惑星の密度（物質的な部分だけではなく、大気の層やそれらにエネルギーを与えている惑星のエーテルも含んだ密度のことです）に関係するわけですが、地球の密度は極めて高く、従ってとても重たく感じられます。しかし、地球におけるエーテル層の密度がどんどん軽くなり（私たちは気《気分》が軽くなると体も軽くなるでしょう。それと同じ現象です）、今の地球はその密度が飛躍的に軽くなっていく最中にあるのです。これが極めて軽くなった時がアセンションと呼ばれる現象になりますが、それは人類の集合意識だけでなく人それぞれの意識状態にも関係するため、アセンションと呼ばれる現象はばらばらに起こることになります。アセンションを経験すると宇宙意識になることが出来、その魂の準備が整ったときに宇宙のメンバーに戻れるのです。

ここで「戻れる」という言葉を使いましたが、元々は私たちは宇宙のメンバーだったのです。英語で「思い出す」はリメンバーといいますが、re-member つまり、ふたたびメンバーに戻るというのは、全てを思い出すと宇宙のメンバーに戻ることを意味します。地球上に存在している大半の魂は地球以外から来た魂です。地球出身の魂は約20％ほどだというメッセージをもらっています。現実問題として、どこから来ているかは問題ではありませんし、必要がある場合には思い出すことでしょう。どこから来ようが現在の状況の中での課題を果たしていく以外にないのです。宇宙の種族達によっては〝暗黒の赤い惑星〟とも言われる地球ですが、それは、もともとこの密度（第3密度といいます）は流刑地の役割を持っていたためです。流刑地というとても悪いイメージの言い方になってしまうので、魂が学ぶための場所というような意味でとらえてください。

これは、地球という学舎の中で制限された肉体を持って自分自身でレベルを上げ、自分で作っている制限から解放される体験をしているということなのです。価値観の変化であるパラダイムシフトがアセンションに伴うのは、私達は既存の価値観を超えたとき初めて次の価値観を作り出すことが出来るためです。すなわち、破壊と創造は表裏一体であり、既存の価値観の延長線上に未来の地球における価値観があるのではないことを知ることです。現在の地球において体験することは、既存の価値観の依存からの脱却ということでもあります。そのために、既存の価値観を超える（壊す）ための現象が次々に起こってくるのですが、それが理解できない以上はどんどん厳しい現象が起こり続けることになります。魂が目覚めるまで続くのですから。そして、本当に目覚めるまでは「夜明け前が一番暗い」という状態におかれることでしょう。

とことん追い詰められなければ目覚めないようになっているのかもしれません。

アセンションという言葉を使いましたが、これは現象論的には、意識のレベルが上がる（振動数が上がる）ことによって、既存の価値観から脱皮するようなものです。音でいうならば、ドレミファソラシと音程が上がった後で次のオクターブのドに上がるようなものであり、これを永遠に繰り返して魂の進化をしているのが宇宙です。太陽系における現在の配置や地球における時間軸の流れは、これらを経験するためのものです。地球の場合は、３次元の肉体を持った状態における進化の過程を行っているのであり、仏教的に言うと、肉体を持っているがための執着を経験し、その執着からの解脱をするという過程ということになります。

最近のアセンションという言葉の使われ方や使っている方々の反応は、単純にアセンド（上昇する）の名詞形である意味にもかかわらず、未知のものへの恐怖からか、ネガティブなイメージを伴っているように感じます。それゆえに、私は通常バージョンアップという言葉を使用しています。振動数を上げることから〝上〟とは言っていますが、どちらにしても上や下という差をつけていることも本質的にはよくないと感じています。そして、これらの差が取れた世界、即ち差取り＝鎖取り＝悟り＝覚りの状態が人類の集合意識のレベルで達成されたとき、初めて地球における時間を作り出している月の役割も終了となります。

アセンションもしくはバージョンアップに際しては、3次元的な変動は当然伴うのですが、それは、私たちの意識のレベルを上げるように促すサインに過ぎません。さらにこのサインは、この宇宙の作用反作用の法則・因果の法則・カルマの法則からいって、自ら招いたことでもあります。早く気づいて意識を変え、行動を変えることで、創造される現象が変わり、その現象を観て意識が変わり、それがまた現象に作用するという循環が形成されるために、事態はどんどん変化していきます。逆に言えば、現在の地球環境が気づきをどんどん促しているわけですから、気づきが遅くなればなるほど厳しい現実を作り出すということなのです。ここから言えることは単純です。早く気づいて自ら変化を選択し、行動を変化させることで、私たちが理想とする争いのない世界を作っていくのです。

そんな世界になったら面白くないのではと思う既存のネガティブバリエーションの方も心配しなくて大丈夫です。争いのない世界に変化したとしても、成長するための課題はしっかりと出てきます。その世界（第4密度）を受け入れられないという魂も安心してください。第3密度の適正な惑星で再び学びをすれば良いだけです。私たちは周期が上がった段階での課題を心配する必要などないのです。なぜならば現在の周期での真実さえも理解するという課題をクリアできていないのですから。先には、永遠とも思えるほどの螺旋階段が続いています。これをかいま見た人々は、この階段を天国の階段と表現しているのです。

第2章　地球のヒューマノイドが出現する前の話

人類が誕生する前の地球には宇宙の存在が大勢立ち寄っていました。存在という言葉を使ったのは、必ずしも3次元的な肉体を持っていなかったためです。

一般的に知られているリラ系、シリウス系、プレアデス系、オリオン系、だけでなく他にも多くの宇宙の存在が立ち寄ったりしばらく滞在したりしています。私たちの宇宙は、上にも下にも無限大に連なるフラクタル構造の中の一部分です。私たちが存在している宇宙はある意味で一つの原子の中にも存在しています。この〝構造が無限大〟であることを私たちが理解するには精神密度を上げる必要があります。私たちの魂が現在の第3密度における学びを終了するとひとりでに精神密度が第4密度に上がり、現在の第3密度を完全に理解できるようになります。それは段階を上げていく中では1段階上がるだけの話なのですが、地球自体のバージョンアップと、それに伴って太陽系全体としてバージョンアップがからんでいるために宇宙的なイベントとしてとらえられています。尚、今回バージョンアップしたとしても、単に第4密度へ移行する形なので肉体がなくなるわけではありません。

私たちの太陽系のあるこの宇宙では、人間型の意識レベルを持った存在が最初に生まれたのはリラ星系でした。つまり琴座です。ここから色々な星系へと広がっていったのですが、大半の魂はリラ出自です。

スターウォーズという映画では、オリオン星系で起こった歴史が描かれていますが、基本的に二極性の世界を体感させるためにポジティブとネガティブが存在しています。ポジティブを善、ネガティブを悪と訳すとわかり易いようですが、実際には主観の問題で逆に分かりづらくなってしまいます。どちらかというと「ポジティブは陽でネガティブは陰」と訳すのが表現として近いように感じます。どちらが良くてどちらが悪いという判断をするものではありません。第3密度ではこの二極性があることで人間は色々と学ぶことが出来るのです。スターウォーズでは、最後にダースベイダーが光を取り戻すことで二極性を超えることが描かれています。現在の地球ではこのオリオン星系で起こったポジティブとネガティブの戦い（光と闇の戦いとも表現しています）が縮小版で表れています。実は最初にヒューマノイド型人類が現れたリラ星系とベガ星系での戦いが原初のポジティブとネガティブの戦いの最初です。その後、色々な星系や惑星でこのポジティブとネガティブの戦いが行われてきていますが、現在の地球上で行われている戦いはオリオン星系におけるそれが影響しています。ゆえに、それを理解していたトート・ヘルメスがギザ台地に〝オリオンの3つ星〟として後世にこの事実を残したわけです。

この第7文明においては、トート・ヘルメスの影響が非常に強いのですが、エジプトでは月の神、知識の神としての立場があるように、第6文明まで増大してきた知識をうまく後世に残しているのです。ピラミッドは、この第7文明を通していつでもありますが、その建てられた意義や目的を受け取る準備が出来ないと受け取れないのです。言うなれば、ギザの3大ピラミッドは真実を明らかにするための時限装置としての働きも持たせているのです。

オシリスとセトの戦いの後にオシリスとイシスの息子のホルスが二極を統合させるというオシリス神話そのものが、何度も何度も宇宙空間でも惑星上でも行われているのです。光が勝つというわけではなく、ポジティブサイド、ネガティブサイドのどちらのサイドからのアプローチでも二極性を超えることを通してバージョンアップするというシナリオがこの第3密度の根底にあるわけです。二極性の世界である第3密度を超えるわけですから、どちらが正しいというわけでもなく、反対が存在するからこそ、それを理解できるということなのです。同じ魂に良いも悪いもないのです。そのときにどちらのサイドでこの二極性を学んでいるかだけなのです。魂の変遷の中でそれまで経験していなかったことを経験しているだけなのですから、その一瞬の状態だけからその魂を判断して差をつける必要はないのです。この意識になれたときに〝差が取られる＝差取り＝悟り〟ということが起こります。結局、アセンションもしくはバージョンアップと呼ばれる現象は悟りを得た魂達の世界がその後にあるということです。

このような悟りの体験は魂達にとってとても大切なことであり、場合によってはバージョンアップを経験した魂であっても再び経験したいので、今回、地球には多くのいわば観光客が来ているのも事実です。この既に上位の周期の存在達が降りてきて再び体験している事を指して〝堕天使〟と言ったわけなのです。

このオリオン星系でのスターウォーズなどを経験してきた魂達のうち、リラ系とシリウス系の存在達が約30万年ほど前にプロジェクトを立ち上げます。

また、約250万年ほど前（鞍馬山では約650万年前となっています）に、シリウスの存在であるサナート・クマラが12の魂とともに金星経由で鞍馬山に降り立ったとされています。この背景には金星のバージョンアップ（アセンション）が関係しています。金星がバージョンアップしたのが地球時間で約250万年前であり、それゆえにサナート・クマラは地球のバージョンアップに専念することが出来るようになったからです。SANAT　KUMARAはSATAN　KURAMAのアナグラムです。つまり二極性の世界を作ったルシファーであり、サタンなので、鞍馬山では魔王尊と言われていますが、悪役を買って出ただけで、元々は二極性を理解するための存在なのです。誰かがネガティブ極サイドを演じないと二極性が成立しません。そして、それを敢えて出来るのは二極性を超えたところにある大きな存在だからです。彼がいなかったらこの二極性は存在せず、今のとてもおもしろい地球は存在しなかったと言えます。即ち地球文明の生みの親ともいえるわけです。二極性を超えたときに私達人類は、彼に大いに感謝することになります。なお、サナート・クマラ（鞍馬寺では尊天）の、肉体を伴った顕現は、毘沙門天、魔王尊、千手観音です。

第3章　地球人類創造プロジェクト

「地球人類創造プロジェクト」は、最初から〝人類を作る〟ということで始めたわけではありません。

太陽系には当初13個の惑星が存在していました。現在では12個の惑星が存在しています。火星と木星の間にあった惑星であるマルドゥク（という呼び名が一般的なのでこれを使用します）は、現在はアステロイドベルト（小惑星帯）にその痕跡を残していますが、今から3300年ほど前に当時50億いたマルドゥク人によって自滅しました。その魂達を地球が受け入れることに決めたので、現在の地球は人口が増え続けているのです。この時のカルマを解消するのも今のタイミングなので、当時のマルドゥクや、後から説明しますがアトランティスの最後の状況にそっくりなのです。魂が成長するために必要な過程というものがありますが、それは、この3次元での執着によるエゴをどのように超えるかにかかっています。

ここで前著「世界を変える本」（明窓出版）にも詳しく記していますが、カルマの法則を簡単に説明しておきます。カルマの法則と呼ばれるものは、単純に作用・反作用の法則、鏡の法則、振り子の法則、因果の法則などと同様の法則です。要は、自分がしたことに対する反作用（結果）ということであり、意識レベルがからんだ、原因と結果の法則とも言えるものです。私たちの魂は肉体を使って3次元の経験を行っていますが、現在の地球における人類の場合は、遺伝子レベルでの操作とルールとにより、地球時間でおよそ120年間を寿命として作られています。そして、魂の進化を促すための経験をするためにふさわしい両親を選んで生まれてきます。もちろん両親の魂レベルでの了解がなければこれは起こりません。

そして、魂はふさわしい体験をしていくのですが、あくまでも一回の生における目的を宿命として、その手段である運命は選択の自由があり変動します。あまりにも宿命から遠ざかった場合には、強制終了や強制転換という場合はありますが、通常は導かれるかのように宿命を達成するべく魂が方向をある程度コントロールしています。カルマの法則とは、一代で終了しない宿命の場合と、自分が蒔いた種を刈り取るのがその代の生でない場合の因果関係の場合です。

このことから分かるように、天才とは一代で出来るわけではなく、何代かの過去世によるものが実を結んだ場合もあるということです。モーツァルトなどはその典型的な例です。彼は過去世数代で音楽を志向していましたが、その数代は特に才能に恵まれていたわけではなく、モーツァルトとして生まれたときに花開いたということです。このように、努力したことは必ず報われるのです。報われることがその生におけるものではないとしても、努力することに意味があることなのです。

この原理を全ての人類が真に理解できるようになれば世界は変わります。逆にネガティブな種を蒔いた場合は、その反作用として、実にふさわしいタイミングでその現象を経験します。今回マルドゥクやアトランティスにおける自滅を経験した魂達は、それとほぼ同じような状況におかれてそれを克服するというカルマを持っています。つまり、現在の非常に閉塞感があり、未来を描きづらい状況はまさしくマルドゥクやアトランティスの末期にかぶっています。だからこそ色々と厳しい自然現象や人々の心に閉塞感が漂ったり恐怖や不安を煽るような勢力が現れてくるのです。そして、これは魂のレベルでこれらの現象を理解し、超えていくことが私たちの方向だといえます。

因みに、13の惑星は、太陽に近いところから順に、バルカン・水星・金星・地球・火星・マルドゥク・ニビル星（近日点の位置でここに入れています。公転面が他の惑星とほぼ直交《約70度》し回転方向が逆です）・木星・土星・天王星・海王星・冥王星（最近惑星から降格になりましたが、それはこの星のエネルギーを知らないからそんなこと《降格》が出来るだけで、この星の重要性には変わりありません）・２００３ＵＢ３１３（これも今の定義では惑星には入っていませんが）です。

当時、シリウス星系のうちの1種族である、俗にいう太陽系第12番惑星のニビル星からの存在達が地球に降りていました。ニビル星は、シリウス星系と太陽系とを結ぶ軌道を描いています。太陽のまわりを約３６００年周期で回っています。それゆえ、シリウスと太陽系の橋渡し役でもあります。彼らは、精神性レベルにおいて今の地球の人類と比較すると現代より少ししか進歩しておらず、また、技術レベルも今の地球より約３５０年ほどしか進歩していないレベルでした。彼らシリウス星系のヒューマノイド達は、私たちが存在する太陽系はシリウス星系に属すると主張しているのは、このことによっています。当時の彼らの地球における目的は、金などの鉱物を採掘することでしたが、男ばかりであり、なおかつ過酷な労働条件であったため労働争議（ストライキ）が起きたことがシュメールの粘土板に書かれています。これはほとんど私も知っている史実に合っています。そこで、労働力として奴隷を創造するプロジェクトが立ち上がったのです。このプロジェクトに関しては、当時の地球に存在していた異星人の中で、リラ星系人とシリウス星系人の共同プロジェクトによって起こりました。

基本的には、地球の種とプレアデス系の遺伝子とを遺伝子操作とクローン技術によって掛け合わせる方式がとられたわけです。現在のスウェーデンあたり（当時はかなり温暖な気候でした）にあった研究施設で行われましたが、類人猿との掛け合わせに落ち着くまでにかなり多様な種と掛け合わせています。現在では、種を超えた遺伝子は適合性がほとんどないように操作されています（これもニビル人によって操作されました）が、当時は遺伝子をかなりいじっています。ギリシャ神話におけるキマイラ達はこの時に行われた遺伝子操作によって作られたものです。スフィンクスやケンタウロス、ゴーゴンなどです。この時の作られ方として、自ら繁殖することが出来ないように制限されていたため、これらキマイラ達は寿命が来たらこの世界から消えていったのです。ただ、地球の時間とニビルの時間が極端に違い、ニビル人の1年が地球においては約3600年にあたるので、このキマイラやニビル人はかなりの長命だったのです。ただ、ニビル人達も地球に長く滞在すると、地球の密度に適合してゆき寿命は短くなっていきます。最終的に最も労働力として使いやすいのは類人猿との掛け合わせであったので、現在の地球人類の原型である類人猿との掛け合わせであるアダムが出来ます。親指が他の四指と向きが違うために機能的であることとプレヤデス系の遺伝子との適合性がよいためです。人類はダーウィンの進化論がいうような進化で進化したということであれば、優性遺伝子が残されることから、外的環境から身を守りやすい毛むくじゃらでなくてはおかしいのですが、実際に裸であるのはその顕れの一つです。眼球や脳の働きも同様です。実際にはダーウィンが唱えるような進化論は環境適合因子が変化するだけのことなので、遺伝子学的には論理が破綻しています。

アダムは一人ではなく何人もいました。これは、ニビル人の子宮で培養される形でした。女性型のニビル人は少なかったので、この仕事に就いたニンフルサグと看護婦達（女神達）は地球磁場の影響を受けて寿命がどんどん短くなったのです。それゆえ、自ら繁殖できるように後にエヴァを作ることになるわけです。このニンフルサグ看護婦達は、エジプトでは、ハトホルと呼ばれ、ハトホル神殿にそのレリーフが残されています。

さて、このアダム達も年齢的にはかなり長く（約１０００歳程度）生きました。旧約聖書の記述で最初のアダムは９３０年生きたという表現でも分かるように、アダムは何人もいたことが暗示されています。それでも後に神々（エロヒム）とも呼ばれるニビル人たちからするとかなり短命であったので、自己増殖できるようにアダムの遺伝子から女性型の存在を作りだします。ニンフルサグ達が大変だということが最も大きな理由です。それがエヴァ（イヴ）です。

これがおよそ20万年ほど前になります。実際には地球上には、後に神々と呼ばれる宇宙人種たちがいたのですが、基本的にこの創造された人類を奴隷のまま命令に従わせ続けようとしたのがリラ系の種の一派であり、それに対抗したのがシリウス系の一派で、この一派が、人類に意識の進化を促すようにそそのかした旧約聖書の中でへびと呼ばれる存在です。旧約聖書の創世記にも「神の子たちが人の娘と交わって子供を産ませたその頃、この地にはネフィリムがいたのである」との表現があります。このネフィリムは巨人と訳されていますが宇宙の種族のことです。ともかくシリウス系の庇護の下に人類が成長していくことになります。

ここで、述べておく必要がありますが、宇宙の種族を画一的に善とか悪とかに分類することは非常に危険性があります。現在の地球でも人によって優しい人も残酷な人もいるように、また、集団になると集団の性格が変わるように多様性があります。一人の人の中にも色々な面が見られます。宇宙の種族達も同様です。画一的に○○星人は善とか悪とか冷たいとか優しいとか言えないのです。おおよその傾向はありますが、善も悪も主観の問題で、TPOによって変化するものなので画一的ではないということは知っておいて欲しいです。また、宇宙の時間の中にいる存在達は基本的に二極性を超えているということも知っておいた方がよいでしょう。従って、映画にもなった〝宇宙戦争〟のように、侵略をしようとする存在は私が知っている限りにおいてはいません。この映画は、二極性を担うセト教団による、恐怖で味つけした意識操作の一環にすぎません。

神々であるニビル人を含め宇宙の存在達は、女性欠乏でもありましたので、地球の女性の美しさゆえに人類とも交わり、神々と人類のハイブリッドも生まれてきます。ギルガメッシュ叙事詩で有名なギルガメッシュなどはその典型です。当時の神々は、３ｍ～５ｍと非常に身長が高かったため、色々なところに残されている神々を描いたレリーフなどでは非常に大きく描かれていますが、これは見たままを描いています。神々は椅子に座っていることが多いのですが、それには理由があります。最近宇宙ステーション（これは宇宙的な定義では宇宙ではないのですが）から帰還した野口さんが、帰還直後は車いすに乗っていたことを思い出してください。長期間の宇宙航行の後では自分の足で立つのは大変なのです。ニビル人達は地球の監視役として今で言うところの宇宙ステーションも作っており、地球と宇宙ステーションの間を頻繁に行き来していたのです。そういったことを知らないで、神々をわざわざ大きくデフォルメして描いたように思っている人々もいるようですが、そんなことをする意味も理由もありません。そのままなのです。

アダム達も大きかったのですが、このギルガメッシュも同様に大きく、彼がライオンを胸に抱いているレリーフが残っていますが、これもそのまま描かれたものです。このライオンを子供のライオンだと言っているものを読んだことがありますが、たてがみが大きいことから子供のライオンでないことは明らかです。このギルガメッシュ叙事詩では、神々である宇宙人種と人類の掛け合わせ比率などがかなり詳しく記述されています。また、神々も地球の磁場に捉えられて、人類として転生を繰り返すことを選択する場合も多くなります。

そんな中、文明が起こってきます。

marami.

第4章　地球文明の興り

最初に地球は、現在と違いまだ小さく、密度も低く重力も小さかったのです。それゆえ、大型の生物である恐竜などが存在できました。彼ら恐竜の構造を考えればすぐにわかるように、かれらの骨では現在と同じ重力の下では生きることが出来ません。自分の体重で潰れてしまうからです。恐竜は今から約６４２０年前まで存在していました。つまり、人間と共存していたのです。それが最も端的にわかるのがイカストーンです。ねつ造なんて言われる場合もありますが、ねつ造する意味がないことと、実際に、現代の現地人の手によるものの場合は作り方が稚拙なのですぐに分かるそうです。他にも人骨と恐竜の化石が混在している地層が北アメリカで発見されたりしていますが、これも現代の正統な理論に合わないと言うことで無視されているようです。ともかく、当初人類を作った頃には、折角、それこそ寿命を削ってニンフルサグが生んだアダム達も、動きがのろいために恐竜に襲われていました。そこで、恐竜を削減するプロジェクトもあったのです。

尚、恐竜の話が出ましたのでドラゴンのことにも少し触れておこうと思います。現在でもアムール川（黒竜川というのはとても示唆的です）ではシベリアン・ドラゴンもしくはチャイナ・ドラゴンと呼ばれる雷竜族のドランゴンが目撃されているように、世界中にドランゴンが存在していました。そしてこのドラゴンは雷竜という名前にも残っているように、プラズマを発生させる力を持っていたと思われます。当然人類とも共存していたので伝説としての残っているのです。因みに、宮崎五郎監督作品の「ゲド戦記」に登場するドラゴンは写真にも撮られているシベリアン・ドラゴンそっくりです。

現在の地球の重力が大きくなったのはここ数万年と思われます。約20万年前から人類が繁殖を始めますが、当時は神々である宇宙の種族と共存していました。当時の神々の中でもリラ系の種族は身長が大きかったので巨人族（ネフィリム）と呼ばれていました。これも重力が小さかったことと、当時の科学技術が重力系の制御技術を持っていたこともあり、巨石文明でした。巨石遺跡群は当時の名残です。これは第6番目の文明の名残です。

最初に地球に文明が起こったのは今の南極です。現代では言葉によって意識の交流を図るのですが、第4文明までは言葉や文字を使用していませんでした。単純にテレパシーによって交流していたのです。尚、今の南極は地軸が現在と約30度ずれていたことと、大気圏の上空に氷の層があったことで気候がかなり違っていました。このことも重力が違っている原因のひとつです。つまり地球全体が温暖であり紫外線など肉体的に影響のある光線がほとんど地表には到達していませんでした。そのため寿命が長かったとも言えますが、第6文明の最終段階での地球の異変によって、環境がかなり劣悪になったことで人類が小さくなり寿命が短くなりました。そこから今は再び遺伝子レベルでの回復がなされているので人類が再び大きくなってきているわけです。

第1文明は氷によって封印されていますが、それも近々封印が解かれ明らかにされることでしょう。一般的にはエデンの園と呼ばれる場所（南極）です。天から水が落ちたことで現在の地球環境へと変化し、緯度の違いが気温の違いに大きく反映する状況になったのです。上空に水（厚い水蒸気）の層があったときには、金星のように地球上での温度差はほとんどなく温暖であったのです。もちろん水の層が有害な電磁波を遮断していたために長寿であったこと、重力が現在よりもはるかに小さかったため人類だけでなく多くの動物たちも体が大きかったのです。そして近い将来、現在は封印されている南極に文明の痕跡が現れることで私のこの記述が裏付けされるでしょう。

その後地殻変動に伴って文明が起こっては滅んできましたが、文字がない文明（テレパシーのため）であったこともあり痕跡はほとんどありません。

第2文明は古代シュメール文明ですが、第7文明における約七千年前の文明のシュメール文明とはまるで違います。ほとんど神々との共存であり、神々は人々を支配していました。ロードオブザリングの中津国とはここを指します。この時点では、動物とのハイブリッド（キマイラ）もかなり生き残っていました。第2文明では地殻変動などで大気圏の氷の層が落ちてきたことによって洪水が起こったために滅んでいます。この時に南極も氷で封印されたのです。因みにこの古代シュメール文明の歴史に関しては、後に粘土板に残されているのでかなりその歴史がはっきりしています。宇宙港を建設していたことがその粘土板などから明らかになっています。

第3文明のギリシャ神話の世界は、地球大気の電気エネルギーの暴発によって最終的に滅んでいます。なぜならば、地球は大きなコンデンサーのようであり、今でもたまに放電現象（雷）がありますが、第三文明では急激、かつ全地球的に起こったと考えられます。ゼウスの雷によって最終的には文明が滅んでしまったというわけですが、当時の文明において電磁力を制御せずにどんどん使った反作用とも考えられます。

第4文明の名残はアボリジニ達です。第4文明では現在のサハラとオーストラリアに文明がありましたが、隔離されたような環境で自然にとけ込んだ暮らしをしていました。今でもアボリジニはテレパシーによってイルカやクジラと会話をしていると言われていますね。

第5文明ではムー文明となります。ムー大陸は現在のインドからマダガスカル島エリアまでの地域にあった大陸です。この当時はまだ高い山はほとんどありませんでした。これらの文明の痕跡は粘土板などに記述されていますが、この第5文明から、初めて言葉と文字による意思疎通が発達してきます。世界樹イグドラシルはこのムー大陸の中心にありました。この当時も神々及び半神半人は世界を飛び回っていました。そしてこのムー大陸も地殻変動によって滅びることになります。

尚、鉄製品は3000年ほど、青銅製品は4000年ほどで崩壊してしまうために、これらの金属製品は長期的に痕跡を残すことが出来ません。唯一安定金属である金製品が残るのですが、歴史が物語るように、金は何度も溶かされては違うものにされてしまう事が多くあります。

一方、トート・アンク・アテン（ツタンカーメン）の黄金のマスクのように、後世に残ることが多いのも金製品なのです。過去の文明の遺物においても金製品がそれらの存在を示す鍵になることでしょう。

第5章　レムリア・アトランティス文明

第6文明ではまだ現在の大陸の形になっておらず、太平洋にあったレムリア大陸と、カリブ海にあったアトランティス大陸が文明の担い手でした。当時のレムリア大陸はリラ系の種族の影響が色濃く、五色人と呼ばれた、肌の色がそれぞれに5色の人々が住んでいました。この第6文明では重力制御の技術（上位次元のエネルギーであるエーテルのエネルギーをコントロールする技術です）が発展していたため、巨石遺跡として今日もその痕跡を見ることが出来ます。特にアトランティスは、シリウス系の影響が色濃く、エネルギーの集積回路であるピラミッドを利用していたので、今でもギザの3大ピラミッドとしてその技術を見ることが出来ます。

重力の制御に関しては電磁力との互換性を現代の文明では理解できていませんが、一つ上の次元の力である重力と3次元的な電磁気をコントロールできる文明がアトランティス文明でした。エジプト文明がアトランティスの流れを汲んでいたと言われますが、それは、アトランティスの文明が崩壊する前後にアトランティス人のトート・ヘルメス（エジプトでは、知恵の神トート神となっています）によってピラミッドが建造され、その知識が伝えられたことに由来しています。ゆえにエジプト文明の初期にはシリウス暦が使用されていたわけです。

実際第6文明は世界中にその文明の痕跡を見ることが出来ます。レムリア文明とアトランティス文明とは精神性重視と物質重視とで対立がありました。レムリアは自然との調和を重視し、女系で王族が成り立っており、女性性の強い文明でした。この王位継承の仕組みはアトランティスにもつながっており、それは古代のエジプトの王位継承の仕組みとして見ることが出来ます。アトランティスは、精神性を重視して、その人が持っているオーラによって階級を作り、とても階級意識が強かったのと、物質的にそれを区別することや物質的な面に対して発展した文明でした。これはそのままオリオンの、ポジティブとネガティブの対立の構図が、そのまま地球上でなされたようなものです。

レムリアの同盟国はユーラシア大陸とアフリカ大陸のサハラや南アメリカなどにありました。アトランティスがレムリアを崩壊させた後にアトランティスは世界を約350年支配します。その時植民地化された帝国が7カ国ありましたが、それらが反乱を起こしたので、レムリアの同盟国であったユーラシア大陸のシャンバラとアフリカ大陸のサハラには、アトランティスがかなり強力な核兵器を落とします。その後その地は、今でもゴビ砂漠とサハラ砂漠という形になっています。サハラに関しては、モーリタニアにある〝地球の目〟とも呼ばれる地形がまさしくその痕跡です。これ以後何度も歴史は繰り返され、インダス文明ではモヘンジョダロとハラッパー、ヨルダンではソドムとゴモラ、最近では広島と長崎というように核兵器を使用しています。尚、世界で最も低い場所である今のマリワナ海溝は、レムリアの首都であり聖地でもあるヒラニプラがあった場所でもあります。つまりヒラニプラは地球で最も深い場所に封印されているということです。これも近い将来明らかにされることでしょう。

これらの横暴によってアトランティスは自滅しますが、それは、レムリアによる遊星爆弾がアトランティス大陸を直撃することで起こります。レムリアの最後に宇宙における仕掛けがあったわけですが、レムリアが滅んでからなんと３５０年後にそれが起こったわけです。アトランティスの行った行為の因果関係で、自分が行ったことが自分に跳ね返った瞬間でもあります。現在でもユカタン半島にはその当時の遊星の破片である隕石が降り注いだ跡が明確に残っています。また、大きな2つの隕石痕が大西洋に見つかってもいます。レムリアではヴィマナ、アトランティスでは現代の航空機型飛行艇を利用していたので、インカなどでは、伝統として、

西（レムリア）からビラコチャ、東（アトランティス）からケツアコアトルという呼び名で空を飛ぶ人々や黄金飛行機などが語り継がれているのです。

カルマ的にいうと、現象化を加速させたり重力を制御するだけでなく、神々である宇宙の種達とも交流があったアトランティスが滅んだのはなぜでしょうか？　それは、彼らアトランティス人はレムリア人達を奴隷としていたように、人を差別する意識がとても強かったことによります。オーラの色によって階級を作っているなど、精神的な作用も理解していたにもかかわらず、物質的、現象的なものに重きを置きすぎたことも原因の一つでありました。これは現代にも通じることです。現代がアトランティスの末期にとても状況が似ているのは必然なのです。

アトランティスは、当初大西洋上に大陸並みの大きさがありました。その時代であればアトランティス大陸と言っても良かったのですが、その後2回にわたって小さくなっています。呼び方もアトランティスからアトランティア（アトレーシア）、ポセイディアへと変遷しているようです。アトランティアが亜大陸程度の大きさになり、最後のポセイディアは更に小さくなって現在のカリブ海周辺にあった群島だったようです。そのような過程を経ているため、今はアトランティス大陸を捜すのは困難になっています。ともかく、アトランティスは1万2500

年ほど前に沈み、その衝撃によって地軸が約30度ずれ、ほぼ今の位置になります。

南極にあった氷が滑落することで洪水が起こり、地殻変動によりヒマラヤ山脈とアンデス山脈ができました。マチュピチュなどの高山にある遺跡はその名残です。場所によっては約３８００メートルほども隆起し、ヒマラヤやアンデスでは海水がそのまま隆起し、その時残った塩湖が存在しています。これもよく考えれば分かるように、急激な隆起でなく徐々に隆起した場合塩分は海に流れていってしまうことを考えれば、そういった斉一論（急激な変動を考慮しない説です）では塩湖の存在を説明できないことは明らかでしょう。

この急激な地殻変動によってギアナ高地のテーブルマウンテンやグランドキャニオンも出来たのです。それまで海であったミシシッピ川流域とアマゾン川流域が今の形状になったのです。マチュピチュで生き残った人々はあまりにも凄まじい洪水だったために、その後再び低地に降りることを恐れ、高地にとどまったのです。


この地殻変動によって上空は火山性の噴煙やガスによって覆われ、植物はほとんど死滅します。かろうじて生き残った人々は地下に潜らざるを得ず、それが今でも残っている地下世界なのです。カッパドキアやアラスカの地下世界などはその名残です。本来植物は環境の激変がなければ永遠に生きます。それがなぜ現在で最も樹齢が長いものでもたかだか7千年ぐらいなのかを考えれば、当時の状況から回復するのに6千年ほどかかったことがお分かり頂けるでしょう。地軸の変動も影響し、現在では氷で覆われているグリーンランドはその名の通り緑で覆われていたのです。しっかりと名前に残っていますね。大西洋もアトランティックオーシャンですしね。ここで人類は再び原始生活に戻らざるを得なかったのです。現在オーパーツと呼ばれる痕跡はオーパーツでもなんでもなく、真実の歴史を知れば当たり前の痕跡と言うことになります。この時の気象異変によって人類は小さくならざるを得なかったのです。

なお、日本における縄文文化と弥生文化に関しては、縄文がレムリア、弥生がアトランティスの影響であり、混在しています。

manami.

第6章　アマゾンのメル文明

アマゾン川の源流に近いボリビアのモホス平原に文明の痕跡が見つかりましたが、これは、20世紀中頃の段階で、21世紀に発見認知されることが予言されていました。この情報に関しては色々な人にメッセージとして宇宙の存在達から届いていたようです。私も同様でしたが、2004年に情報は広まるであろうというメッセージを受信していました。もともとのアマゾンは海でしたので、このアマゾン海の岸辺に近いところにこの文明が発展したのです。私はメル文明という名だと聞いています。

現在の地球では、全てのエネルギーのサイクルをエゴによってコントロールしようとしていますが、そのことが異常気象や地殻変動などの異常につながっているのです。まだ幼い意識構造であるために科学技術をエゴのレベルでしか活用していないとも言えます。

本来は、全てこの3次元にあるものは循環していて、私たちのものだと言えるものなど何もないのです。自分自身の体でさえも構成している原子や分子が常に入れ替わっており、自分のものだということが完全な幻想であることがわかります。ましてや地球上における土地や空気や水、鉱物、原子、分子、ひいては物質的なもの全てが誰のものでもなく、地球や太陽などから与えてもらっているものだということを早く理解する必要があります。この自然の恵みに感謝をし、全ての存在に感謝することが大切なのです。地球のものである化石燃料を自分のものとしている人々がいて、世界はこの化石燃料を握っている人々にかなり影響されています。誰が一番最初に、この土地は誰のものだと決めたというのでしょうか。全ては人間の欲からはじまっています。別に欲をなくせと言うつもりはないのですが、欲によって現在の状況が作られていることが多いという事実を認識すべきであると考えます。

メル文明は、この地球におけるサイクルを尊重した循環型の文明であったことが最近の研究で分かっていますが、真に意識レベルが高ければこのようになることは明らかです。メル文明を構築していた人々はこの意識レベルにあり、それを現実化できるだけの科学レベルを持っていました。南アメリカにあったレムリアの同盟国でもあり、その文明のあり方も似ているので、現在ではほとんど失われてしまったレムリアの名残を見る思いです。魚の養殖の方法に2つの池を利用して水質浄化をしながら環境保全を行っていたり、自然との絶妙な調和をはかっていました。この時に作られたテラ・プレタという土壌は微生物や自然の循環を応用した人工の土壌です。栽培に使用した後、半年ほどで土壌のミネラルや地味が回復する奇跡的な土です。現在この研究がなされているようですが、現在の科学レベルではこの土壌を人工的に作ることは出来ていません。この鍵になっているのは、エレメンタルエネルギーなのですが、この文章を読んだ方でこの方面の関係の方がいらっしゃれば、是非次世代の地球のために一緒に協力してテラ・プレタを作りましょう。農業改革になり、地球の砂漠化を食い止める、根本的で画期的な技術革新になります。このテラ・プレタを作って利用していたことからも、いかにメル文明の科学水準が高かったかうかがい知れます。しかしながら、この素晴らしいメル文明もアトランティスの沈没の時に滅んだのです。

如何に自然と調和して生きるかが次世代の課題です。アスファルトやコンクリートで地面を覆っていることは地球のサイクルを壊し、温暖化の原因（私は温室効果ガスよりもこちらの方が影響は大きいと思います）となります。もはやこのようなおろかな判断基準で文明を作ることはやめましょう。今、この時代にこのメル文明が発見され研究されることの意味を感じてほしいです。全ては上の次元でプロットされたシナリオ通りに運んでいます。

第7章　第7文明の歴史

第6文明におけるノアの洪水によってそれまでの文明は洗い流されました。ノアの洪水と呼ばれるような大洪水は、私は過去に4回起こっていると考えていますが、この、約1万2500年前のものは地殻変動を伴っていたのでかなり大きかったと思います。もちろんアトランティス時代は地球外の存在との関わりが相当残っていましたので、宇宙に逃げた存在もいます。前出のトートヘルメスは、約1万4000年前にギザ台地に3つのピラミッドを作りましたが、アトランティスの崩壊のタイミングでは宇宙ステーションや月（月は宇宙の監視者達の大規模な基地でもありますので）に逃れます。再び地球に戻ってきてエジプトに住むわけですが、それは、現代でもトート神として知識の神・月の神とあがめられていることからもうかがい知れるでしょう。なぜ、ギザ台地のピラミッドがオリオンの三つ星を投影されているかは、オリオン星系で起こった争いが再び行われていることを暗示しています。このことも含め色々と知識を持ったときに初めて理解できる、時限装置としての機能も持たせているわけです。神秘学がヘルメスの教えに由来している意味がうかがえるでしょう。

さて、第7文明は地表の状態が安定するまでに時間を要したため、地球上では原始生活と文明生活との二極化が起こりました。

ニビル人達の宇宙港は、洪水前は現在のイラクのシッパルにあったのですが、洪水によって跡形もなくなり、かつ暫くは湿地状態であったために新たにレバノンのバールベックやバール神殿に再建されます。

ゼウス神殿（ジュピター神殿）の残っている柱の大きさを考えると現代の技術でもバールベックの遺跡と同じ建造物を作ることは難しいでしょう。ここにロケットの発着場があったのです。因みにモーゼがシナイ山で12戒（2戒はモーゼ自身が隠してしまいます）を受けますが、このときのヤハヴェはニビル人であり、シナイ山は、現在のシナイ山ではなく、ジュベル・ムーサであるホレブ山であり、ここはニビル人のもう一つの宇宙港でもありました。ここは、映画「未知との遭遇」のデビルズマウンテンそっくりです。とても示唆的です。尚、宇宙港の管制センターがあったのがエルサレムであり、ここが神の声を聞く聖地になったのは現在の状況を見れば明らかでしょう。

さて、第7文明では、まず、トートによってエジプトに文明がもたらされますが、エジプト文明はシリウス系の物質文明の影響が色濃く反映します。巨大建造物はその典型と言えるでしょう。有名なオシリスとセトの神話などからホルスの時代になり、その後半神半人の時代を経てファラオの時代へと移行していきます。

同じ頃の近代シュメール文明では、ニビル人達が神々としてまだ力を持っています。特にイナンナは、自分の土地を与えられてインダス文明を興しますが、そこからシュメールに通勤するので、〝通勤する女神〟と呼ばれており、ゴーグルをつけてロケットを利用して空を飛んでいたことがわかる彼女の像が残されています。

因みに、イナンナの部下が日本に飛んできて神武になったことは、近い将来歴史的事実として明らかにされることでしょう。私の記憶では神武はイナンナの愛人の一人であったと思います。

イナンナは目をつけたどんな男もものにしていたといいます。そのころインドとの行き来にヴィマナを利用していましたが、その発着場所は白山・大和三山・葦嶽山などでした。尚、大和三山の香具山《かぐやま》は、天の香具山としてかぐや姫の伝説の舞台ですが、かぐや姫こそイナンナであったと思われます。

イナンナは月の女神でもあり、月にいたニビル人の王のアヌの孫娘でもありますが、愛人でもあったようです。月はニビル人達の前線基地でもありますから、月との間の定期便は香具山からも飛んでいたと思われます。

月への定期便に関しては、他では洪水前のシュメールではシッパルから、洪水後は、バール神殿から出ていました。それゆえ香具山を舞台に、月から来て月に帰るかぐや姫伝説が生まれることになります。イナンナは通勤する女神と言われたように、縄文時代の遮光器土偶のような格好で世界中を飛び回っていました。それゆえ、彼女の伝説は世界中にあるのです。

かぐや姫に皆が求婚したように、イナンナに対峙した人は自分の理想の女性像を彼女に投影させる能力をイナンナは持っていたようです。つまり、イナンナを見ると自分の理想の女性を見ることになるわけです。かなり浮き名を流したイナンナですからただでさえかなり色っぽかったようですが……。行動派のイナンナは地球の上を飛び回っていたために、色々な場所に彼女の痕跡を見ることができます。

最近天孫降臨という言葉を聞くのですが、この天孫こそイナンナになります。天はアヌ（天照大神）であり月（高天原）にいたのですから、天の孫が日本に降り立ったことをそのように伝えたということです。

第7文明には、レムリアからの流れとアトランティスの流れの2派とその融合パターンがあるように思います。ぞくに西洋と東洋という形で言い表されるものですが、レムリアが東洋的、アトランティスが西洋的なものに影響を与えていることは理解できるでしょう。その融合が顕著に行われているのは実は現在の日本なのです。

第8章　何故7回目の文明なのか？

少し歴史から離れて、この世界の原理を説明します。つまり今が7回目の文明なのはどうしてなのか？　ということを説明します。

全ての次元における法則があります。それは、振動数を上げていく時に7と12の法則が関係しているというものです。7の法則はオクターブ理論と私は呼んでいますが、音階が7音階の後に1オクターブ上がり、これを繰り返しているというものです。

全ての存在はエネルギーで表すことが出来ます。これは、

$E = m \times {}^{2}C$

で表されるアインシュタインの有名な公式があります。これは、単純で、質量に光速の2乗を掛けたものがエネルギーとして換算されるというものです。また、量子力学や熱力学の理論から、

$E = h \times \nu$

すなわち、プランク定数に振動数を掛けたものがエネルギーとして換算される。

ここから、

$m \times C^2 = h \times \nu$

となり、質量は振動数に比例する、そこから質量と振動数は互換の関係にあることがわかります。簡単な言葉で言うと、物質も波の一形態に過ぎないとも言えるのです。

すべてこの世界を形作っているものは振動数で表すことが出来、また、エネルギーであるとも言えるのです。

このことから、この世界の全ての事象や物質・電磁波や音などは、エネルギーであり、振動数を持っており、それはオクターブ理論に当てはまるということになります。

起こっている現象はオクターブ理論に基づいているとも言い換えられます。

地球上に起こっている現象はオクターブ理論に基づいているということは、地球上の文明も同様で、今回が今の振動密度（今の地球の振動数領域）においては最後の文明ということになります。

別に、この理論に基づいて全ての現象を理解しようとはしていませんが、実際にこの7回目の文明における変遷と宇宙からのメッセージからもマクロ的にはオクターブ理論に沿っていると確信しています。この宇宙の法則からも現在の状況が解けると思います。なぜならば、どんなときもどんな場所にいようともすべては宇宙の法則にのっとって存在しているからです。私たちの自由意志においても必要なときに必要な経験をしているわけですが、集団になった場合には、この宇宙の意志ともいえる法則はより明確に表れているように感じます。

以前、高知県にある唐人駄馬遺跡において、連れて行っていただいたチャネラーに降りた宇宙からのメッセージでは、「まだまだ絶対数が足りない」というものでした。臨界点を超えないとスタンダードにならないように、宇宙の仲間入りをするための意識レベルを上げた臨界数を超えるまでは、まだまだ人数が足りないということです。私を含め、バージョンアップを促す役目で地球に来ている面々が怠慢だと言われたのです。本当に人使いが荒くて困ります。

なお、信念や意識や思考もエネルギーです。これら3種類のものはエネルギーを持っており、エネルギー保存の法則に基づいて現象化・物質化することが〝創造〟と言われるものなのです。旧約聖書の言葉の中に「はじめに言葉ありき」というものがありますが、言葉として認識できるエネルギーが現象化してこの世界を形作ったのです。これは、創造の原理を表しているのですが、とても奥の深い言葉なのです。この意味を真に理解することが出来れば、宇宙の真理がそこに表されていることに気づくでしょう。つまり、人間が信念や意識や思考によって現象化・物質化することは、私達人類が創造の原理である〝創造のエネルギー〟を使っていることになります。言い方を変えると、私達は創造主でもあるわけです。私達人類が神の子とも呼ばれるのはそれ故なのです。創造することが出来ることは、人は創造主に似せて作られたという言葉通りで、創造主の御霊分けでもあるのです。

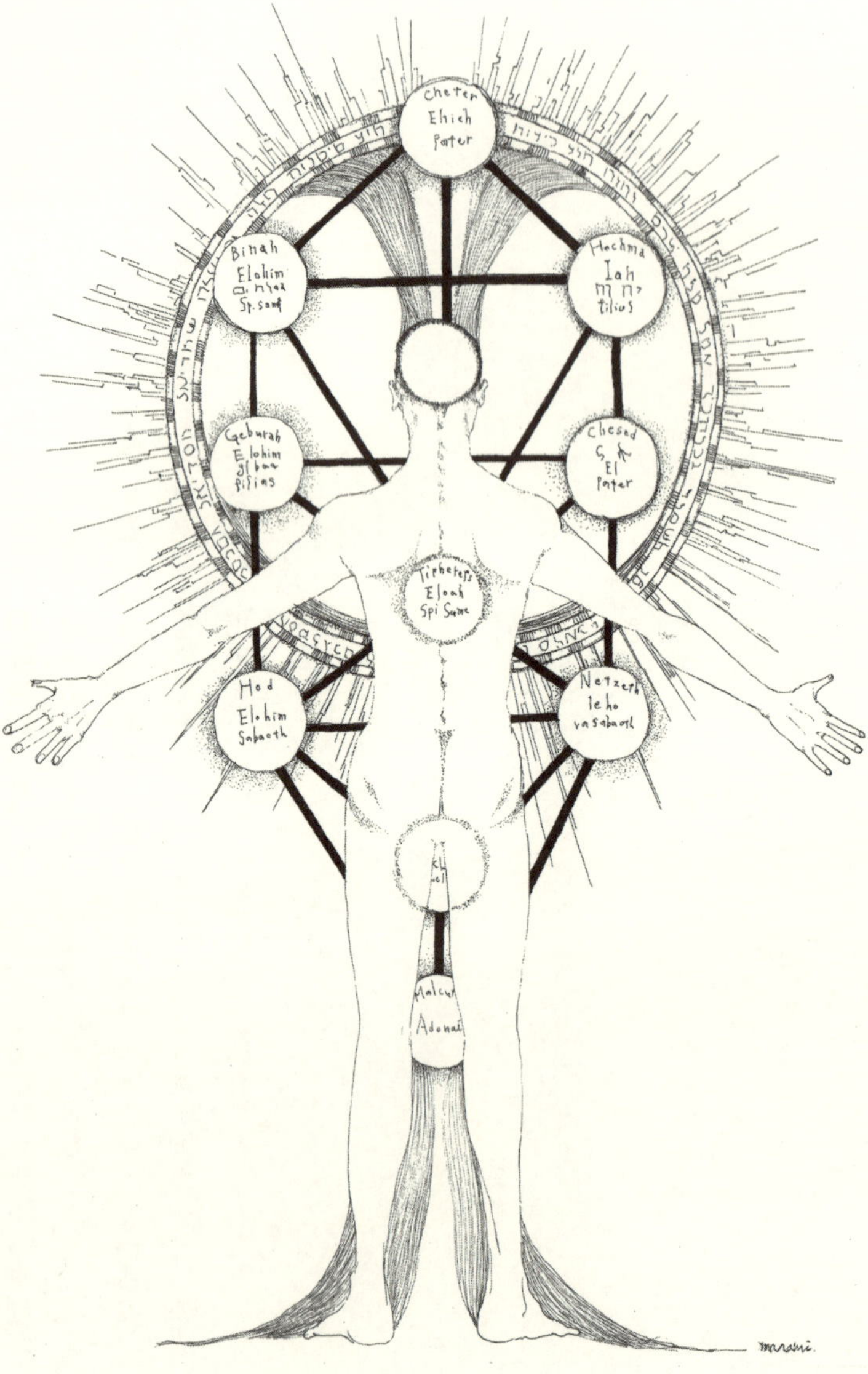
Cheter
Ehieh
Pater
Binah
Elohim
Hochma
Iah
Geburah
Elohim
Chesed
El
Pater
Eloah
Hod
Elohim
Sabaoth
Netzeth
Adonai

第9章　エジプト文明の真実

では、エジプト文明における知られざる真実を表します。

エジプト文明は、トートヘルメスによってアトランティスから知識が伝えられたため、突如として近代的な文明が興ります。これはピラミッドなどの建造物が、時代を経るにつれて技術レベルが落ちていくのを見れば明らかです。つまり当初の技術や知識が伝えられていない場合、それらに明るい人々（神々）がいなくなるとどんどん退化するということです。

洪水からしばらくは地球の環境が劣悪だったこともあり、暫くしてから宇宙人や、宇宙人である神々と人類のハイブリッド（アトランティス人）達は宇宙から戻ってきます。しかし、環境が劣悪であったことから食糧不足をまねきカンニバル（共食いのことです）までもするぐらいの原始状態に戻った人々から見れば、彼らはまさに神々に映ったわけです。この環境の劣悪さは、人間の身長がかなり小さくなるという現象まで引き起こしており、現在でも人々の身長が伸び続けているのは、そこから元に戻っている現れの一つでもあります。それらの記述が旧約聖書には書いてあります。当初は造山現象や地殻変動などによって大気の状態が悪いため、植物がほとんど生育せず食べ物もまるでなかったことから文明が失われたのです。意識レベルの低い人類は衣食住などの生活に必要な条件が失われると、奪い合いを始めてしまうものだということを示しています。

ピラミッドは洪水と、地軸の変動による気候条件の変化によって砂に埋もれていました。作られた当初は、温帯だったので、スフィンクス2体からエネルギーセンターであるピラミッドまでの参道が、ナイル川から引いた水の上に出ているような構造になっています。水が情報を記憶する性質を利用して、エネルギーを取り出していました。メキシコのテオティワカンの太陽のピラミッドを中心とするピラミッドコンプレックスも同様で、水にピラミッドなどが浮いているような形になります。テオティワカン全体が巨大なエネルギー発生装置なわけです。

エメラルドタブレットでトートヘルメスが言っているように、彼は50年に一回、ギザ台地の参道の脇にあるイシス神殿（地下神殿です）において肉体の劣化を修正していたのです。このイシス神殿は、２００４年に参道脇から見つかっています。これも私はエメラルドタブレットを呼んだときに「近々見つかる」というメッセージを受けて、その後シンクロニシティのように発見されたニュースを聞いたのです。

ギザ台地におけるこの3つのピラミッドを砂の中から掘り出して補修をし、大ピラミッド脇の3つの衛星ピラミッドを建造したのがクフ王です。現在のエジプト考古学ではクフ王、カフラー王、メンカウラー王が作ったとされていますが、事実は全く違います。

エメラルドタブレットは、ヘルメス学におけるバイブルのような書物ですが、ピラミッドの中で見つかったとされています。エメラルドの板に書かれていたのでそう呼ばれています。錬金術などは、このエメラルドタブレットをテキストとしていました。実は、エメラルドの結晶構造に〝神秘〟（神の真理であり、別に秘密にしているわけではないのですが）があります。アマゾンで発見された金星文字を3次元的に発展するとエメラルドの結晶構造と同じ形状が浮かびます。この3次元では、上位次元からエネルギーを取り出すのにこの結晶構造が使われるます。アトランティス時代まではこのことは常識でしたが現在の科学では理解できていません。ピラミッドの中に松明を焚いた後などが一切ないのは、エネルギーの取り出し方を知っている神々や神官などがピラミッドを利用していたからです。正12面構造がキーです。ここでも12がキーになっています。これは、6面構造を表裏で二対《につい》にしているような形です。つまりこれを簡素化すると六芒星になるわけです。この結晶構造は、水晶やサファイア、ルビー、トルマリンなどで六方晶系と言われますが、皆パワーがある石として知られています。特にトルマリンは電気石と言われ圧力を加えると電気が発生しますし、通常マイナスイオンが発生すると言われます。しかし、マイナスイオンがどういうものなのかを知らないと意味が分からないでしょう。マイナスイオンとは、エレメンタル（根源的な）エネルギーの一種です。すなわちエーテル層にも働きかける生命エネルギーです。エメラルドも水晶も六方晶系の結晶構造であり、この幾何学的結晶構造こそ現在の人類が研究すべきものです。この構造によって上位次元からエネルギーを取り出すことが出来れば現在のエネルギー問題は一気に解決することでしょう。

蛇足ですが、ジョディ・フォスターさんが主役の映画で、カール・セーガン氏原作の〝コンタクト〟はごらんになったことがありますか？　地球外生命体探査プロジェクト（ＳＥＴＩ）で発見した琴座（リラ系）からの電磁波的メッセージを2次元から3次元的に拡張しています。そのことで私達の魂の始まりであるリラ系へとアクセスする装置が作られることになりますが、既存のパラダイムの中にいる人々には、主役の主張が理解できません。いつの世もそうでしたが、真理を説くものは異端視されます。なぜならば、情報操作によって歪められた世界から目覚め、真理を理解した人は目覚めていない、または目覚めたくない人々からは遊離してしまうからです。

さて、エジプト文明は、オシリスとイシスからセトとホルスへと神々の系譜が流れます。オシリスの時代はトートが参謀として働き、トートが月の神であり知識の神であることから分かるように、月との間を行き来し、科学的な知識レベルが非常に高かったことがわかります。それゆえにピラミッドを建設しその中に普遍的な真理を入れたわけです。最後に言葉によるコミュニケーションを基礎とする文明であるがゆえにエメラルドタブレットをしるしているということです。セトがオシリスをバラバラにし、その後ホルスに仇《かたき》を取られ、それ以後ホルスの系統が代々続きます。これは、エジプトの神々が本来の創造原理である神とは違うことを表します。つまり不死ではないわけです。エジプトでは神々はニビル系の宇宙人なわけですから、現在の地球人より多少進歩した科学レベルと知識レベルであり、知識レベルは意識レベルの反映ですから、今の争い合う現代人の低い振動数とさほど変わらない現象を起こします。それが、争い合ったり嫉妬したりする精神構造になっています。当時のエジプトやシュメールの神々（宇宙人達）も、争いが絶えなかったことが神話より分かります。

私の中では、現在のユダヤ教での神とされるヤハヴェ（ＹＨＶＨ）はシリアのバール（地球の中東エリアの司令官）を殺して、カナンを中心とするエリアで傍若無人に振る舞った宇宙人という認識です。非常に厳格であり、人を許すことが出来ないのと、気に入らなければ虐殺してしまうエゴイストであることは聖書を読めば分かることです。ここから、覚醒後における最初の関門である意識レベルの誘惑であるイルミナティの、尊大になるエゴイズムの壁を超えるかどうかが光と闇の戦いと言われるゆえんです。

通常、洗脳されている状態では物事を自分で考えることが出来ず、死んでいる状態であり、これから醒める（覚醒する）と、初めて生きている状態になります。覚醒でも、上を見ればきりがなく、下を見てもきりがないのです。現状の地球が提供している意識レベルでは、覚醒後、この第一段階で訪れるイルミナティの意識レベルが現在の地球を支配しているため、何をするにも主導権を握っている状態となっていますが、今、私たちはそれも超えていくタイミングです。

全ての隠されているものが明らかになる振動数領域に地球がなってきているという現在の状況では、隠された過去の真実、全ての欺瞞や私たちが見たくないと思っている本質が明らかにされてきます。これが私たちの地球におけるシフトアップであり、陰陽や善悪の二極性を超えていくために必要なステップなのです。従って、過去にあった、本音と建て前や、自分の本質を押し殺すような状況は続けることはできません。このことを真に理解すれば、今行うべきことが分かってきます。現在の地球は、過去のパラダイムでは存続出来ません。自分自身の中に染みついている過去のパラダイムをはっきりと認識し、自分が見たくないと思っている自分の膿を出し切って、それらを認識した上で新たなパラダイムを構築していく必要があるのです。つまり主体性を持って自らが成長することが今必要なことであり、偶像崇拝による救世主願望や誰かが世界を変えてくれるというような他力本願では世界が変わらないということを知ることです。

第10章　アクエンアテンの真実

さて、ヤハヴェ（YHVH）の話が出ましたが、ヤハヴェ（YHVH）というと、モーゼの出エジプトにおいてモーゼを促した神とされています。

では、この話の真実をお話ししましょう。

モーゼが出エジプトを決行することからさかのぼり、なぜヘブライ人やイスラエル人と呼ばれる人々が出来たかを話さなくてはなりません。

第18王朝のアメンホテップ4世は、後にアクエンアテンと改名します。私は、アクエンアテンこそが、この第7文明における最初の宇宙の真理を顕そうとした光であると思っていますし、アクエンアテンの真実を知ることが現代の人々にとって必要なことだと思っています。歴史の教科書などでは、アメン・ラー信仰の多神教から、アテン教という一神教への宗教改革を行ったとされ、その宗教改革は結果的に失敗したとされていると思います。アクエンアテンは異端のファラオとされているのが通説になっています。アクエンアテンは、この世界の全ての存在に創造のエネルギーであり創造主であるアテンの息吹がかかっているという教えを説きました。従ってアテンを象徴的に二重円盤で表し、全てに息吹がかかっていることを全てに手がかかっているように、沢山の手が出ている表現で表している絵が多く残されています。

ハワード・カーターによって1922年に発見されたトート・アンク・アテン（後にトート・アンク・アメン、略してツタンカーメン）の墓から発見された黄金の玉座には、彼とアンク・エセン・アテン（アンケセナーメン）の上にアテンのシンボルマークが書かれています。これはラホテプによって作られたものですが、エジプト考古学者はトート・アンク・アテンがアメン教に改宗したかのように言っています。しかし実際には彼は最後までアテンを信じていたことを表しています。尚、このアテンのシンボルマークは千手観音の大元になっています。アテン教とは本来は宗教ではなく、真理に関しての教えなのです。

元々の多神教であるアメン教などは、単純に神格化した宇宙人を崇拝する信仰ですから、アクエンアテンが説いた教えはレベルが違っていたのです。現在の地球でも似たような状況でしょうか。

先駆者として真理を説く人が異端視されたり気違い扱いされたりすることがまだまだ沢山見られます。そして、これらの先駆者は後の世になってようやく評価されるということも往々にしてあることです。

アクエンアテンがこの世界の真理に気づいたのはギザのピラミッドの地下神殿におけるイニシエーションによるものでした。これは、イエス・キリストと後世で呼ばれることになるイエショア・ベン・ジョゼフも同様で地下神殿の中で覚醒しています。スフィンクスの前足の先から入る地下神殿は現在も隠されていますが、薔薇十字や一部のイニシエイターにはごく当たり前の情報です。また、蛇足ながら大ピラミッドの玄室では音（声）を使って死者を復活させる方法が神官によって伝承されていました。アクエンアテンの場合は、当時の神官長であり妻であるネフェルティティの父親であるアイとの共同作業のもとに開くのです。

アクエンアテンは、争いというものが精神レベルが低いことで起こることだと知っていました。それゆえに彼は戦争を一切せず、まわりの国々と平和条約を結んでその国の王子・王女達を彼自身がテーベから遷都させそのために作った都アケトアテン（別名テルエルアマルナと言われて、アマルナ芸術が花開いたと伝えられています）で一緒に暮らさせています。別に人質に取ったわけではないのですが、当時はまだまだ戦争が絶えない時代でしたので、アクエンアテンはまわりの国々からは理想論者で実情にそぐわない気違い扱いをされていました。しかしながら実際に争いは起こっていません。当時の軍の総司令官であるホルエムヘブは、この平和主義を好まなかったのと、アクエンアテンが最終的に自分も含めて全ての人が平等であり階級を廃止すると言い出したためにアクエンアテンを毒殺します。アクエンアテンはギザにあるピラミッドの地下神殿における覚醒体験後に上の周期の存在につながることが出来たために色々なシンクロニシティや宇宙からのメッセージやサインを受け取っていました。しかし、まだ地球における準備が整っていなかったこと、アクエンアテンのエゴも出てきたことなどからこの世界への真理の発現は見送られました。しかしながら、このタイミングでアクエンアテンの魂が行ったことによってこの第7文明の本来の魂達の成長への過程がスタートするのです。全ては必要なタイミングで必要なことが起こっているのです。

アクエンアテンは彼の人生の晩年にスメンクカラーとの共同統治を8年ほどしていますが、これも宇宙からのメッセージによるものでありますが、そのスメンクカラーも毒殺され、年端もいかないトート・アンク・アテン（ツタンカーメン）が即位し、ホルエムヘブの脅迫から神官長アイの主導でアテン教からアメン教に無理矢理改宗させられます。そうしなければ、ホルエムヘブとアメン神官達の陰謀ですぐにでも殺されそうな勢いだったのです。実際には、アテン教徒達による出エジプトは、このアメン教への海舟のタイミングから始まっていた事です。

当時のエジプトは、日本の邪馬台国も同様ですが、女性の系図によってファラオが決まります。つまり、よりDNAを重視していたわけです。これは、もともと、地球人をDNAレベルで合成して作り、DNAが残っていればオシリスのように再生が可能であるということを知っていた人々が定めたものだったのです。少しでもDNAが残っていれば再生が可能なので、ミイラを作ってDNAを後世に保存しようとしたのもその表れの一つです。最近ISP細胞が発見されたことが話題になりましたが、人類創世時のニビル人達の科学レベルに近づいていることがよくわかる出来事です。因みにトート・アンク・アテンの妻はアクエンアテンの三女であるアンク・エセン・アテン（ツタンカーメンと同様に後にアンケセナーメンと改名）です。

トートアンクアテンはその後毒殺されます。撲殺とか事故死とか色々な説がありますが、毒殺が真実です。女系でファラオを継がなくてはならないため、神官長のアイは高齢でしたが、アンク・エセン・アメンを妻としてファラオになりホルエムヘブの野望をくじこうとします。しかし、アイは4年ほどで死を迎え、ホルエムヘブはアンク・エセン・アメンに求婚しますが、拒んまれたためにクーデターを起こしてファラオになります。

それゆえホルエムヘブは、テーベにある王名表からこのアクエンアテンからアイまでの4代のファラオの名前を削り抹殺をはかったのです。実際にアイの治世では、アメン教となっているのですが、アイの王墓の壁にはアテン賛歌とアテンの表象が記されています。これこそが、アイが終生アテンの教えである真理を知っていたことの表れです。

なお、テーベの王名表から削除された4代のファラオは歴史上から抹殺されていましたが、それを復活させたのはホルエムヘブの転生であるハワード・カーターです。1922年にトート・アンク・アテン（ツタンカーメン）の墓を発掘したことによってこの4代が存在したことが明らかになったのです。この墓が保存されていたのは、墓を作った側近や情報を知っている側近を全て抹殺したホルエムヘブであり、それゆえ、保存状態の良いまま陽の目を見たのはホルエムヘブのカルマのなせる業なのです。隠されているもので露わにならないものはないのです。

この第7文明における最初の一神教がアテンであり、アテンこそはこの世界の創造主を呼ぶ名のことです。後にイエショア・ベン・ジョゼフ（イエス）がこの世界における唯一の主であると言っている存在はアテンです。アテン教の神官達とは真理に目覚めた人々であり、一度真理を知ってしまったらもう戻れないのです。真理を知るということ、覚醒するということはそれほど強烈な体験であり、ゆるがない信念を作り出します。これは経験者しか分からないことなのです。なぜなら、真理とは思考や意識のレベルを超えた普遍の原理だからです。アメン教の神官達がアテンを知りその真理に目覚めたために、アメン教を復活させてもアテンから戻ってくる神官はいなかったのです。それゆえに仕方なく一般の民衆からアメン教の神官を作り出しますが、これがエジプトにおいてどんどん真理が失われていく原因にもなるのです。このアメン神官達の影響は現在にも大きく残っています。それはキリスト教で唱える言葉「アーメン」として。

ということで、このアテン教の神官達とその家族が、ホルエムヘブの治世以降虐げられたヘブライ人（イスラエル人）ということになります。つまり、ユダヤ教の元々はアテン教にあるのです。尚、ホルエムヘブはファラオとなった後にヘリオポリスにセト神殿を造っています。それが何を物語っているかは言わずもがなでしょう。

その後、ラムセス二世と一緒に育てられ、ラムセス二世同様にワンダラーであったモーゼがラムセス二世の援助の元に大規模な出エジプトを敢行するのです。そして、アイが約束をした約束の地とされるカナンに向けてエジプトから出ることになるのです。そこで旧約聖書に書いてあるように、ヘブライ人は天を指す言葉と、約束の地を示した存在としてアドナイ（アテン・アイ）という言葉を使ったのです。

ワンダラーとは？

ワンダラーとは、宇宙における様々な魂が成長することをサポートする「宇宙の煙突掃除係」の魂達のことです。ワンダラーとは、英語の意味と同様で、さまよう人、即ち宇宙をさまよう人という意味です。すべての魂は学舎である惑星単位で魂の学びをしていきますが、基本的にはそれぞれの惑星の意志が大変関与します。従って様々なバリエーションの体験を通して魂は学びをしており、惑星毎に違いがあります。大まかには惑星事態も、成長する過程は人々の成長と同じような過程をたどっていきます。全ては奉仕の心の学びなのですが、エゴを学んでこの世界の原理を学ぶという流れがあります。ワンダラーは、これらの惑星における魂達の急激な成長をさせるためのステップに貢献することを選択した魂達であり、人々を成長させ導くことに幸せを感じている存在達です。他にワンダラーの表現として「りんご」とされて旧約聖書やニュートンの説話などに暗示されています。ニュートンは薔薇十字の総長であり、フリーメーソンのメンバーであり、イギリス王立協会の会長でもあったことから、私がここで記述しているような内容は当然ながら知っていたのです。日本ではワンダラーは「おいかいわたち」という名でも呼ばれます。色々な惑星に行ってサポートするので〝宇宙をさまよう魂達〟ということでワンダラー（さまよう人）と言われているわけです。

現在の地球にはこれらワンダラーは14万4000降りています。聖書にも暗示されていますが、その長としての存在がサナンダであり、サナンダが3次元的な肉体に転生したときの名前が、ゾロアスターでありイエショア・ベン・ジョゼフでした。ゆえに、マタイの福音書にあるようにイエショアが一声掛ければ12師団14万4000人の軍が動くと言ったのです。

因みに、アクエンアテンやトートアンクアテンやアイはワンダラーであり、この第18王朝時代はワンダラー達が集結していたことがおわかり頂けるでしょう。

manami

第11章　出エジプトの真実

ホルエムヘブが即位し、それまで奴隷階級というものは存在していませんでしたが、ヘブライ人と呼んだアテン教の神官の家族達が奴隷となります。元々この世界は7番目の文明の後に人類がバージョンアップするように設定されているので、その準備が始まります。第7文明で最初にこのことを知ったアクエンアテンの教えは、その後かなり歪められますが、それでもしっかりと後世に引き継がれていきます。

モーゼの詳しい話は聖書にゆずるとして、モーゼが〝類は友を呼ぶ〟という典型的な波動の法則に基づいてラムセス二世と一緒に育てられます。そうやってモーゼとラムセス二世は互いにこの世界の真実を知識として理解出来るようになっていくのです。しかし、モーゼの役割とラムセス二世の役割が違うために運命はしっかりと仕事をします。上の次元から見ればある程度マトリックスのように役割がプロットされているので、遅かれ早かれ行うべき役割を行うように出来ており、これを宿命と言います。宿命に逆らうと本当に痛い目に遭うことはたくさんの人が体験していることと思います。このマトリックスからシンクロニシティが発生してくるので、シンクロニシティで起こる出来事から行うべき方向が見えてきます。流れに乗ることが重要であり、意識レベルよりも下の階層である〝思考〟であれこれ考えずに行うことがとても大事なのです。

さてモーゼは一度エジプトから離れますが、ヤハヴェによって預言者であることを理解させられ再びラムセス二世のもとに戻っていきます。当然このマトリックスでは、全ての3次元的事象が関係してきますので、天体の活動であるマルドゥクが壊れるというシンクロニシティが起こります。これによって10の災厄ということがもたらされます。この時に人工物体である月は、マルドゥクの破片が地球に降り注ぐのを防ぐ働きをしています。ゆえに月は裏側が隕石の衝突の跡だらけなんです。

この10の災厄によって国がぼろぼろになった当時のエジプトでは、モーゼがヘブライ人達を率いて出エジプトを行います。10の災厄ではマルドゥクの核戦争の影響でその放射能を含んだ隕石が地表に降り注いだために起こります。国中の水が真っ赤になったのもその影響です。彼がエジプトを出るときに持ち出したものがアークの中身ですが、それは空のエネルギーを電磁場や重力場に互換する装置です。これはアトランティス時代から伝わる装置の一つであり、空のエネルギーを3次元的に変換する装置であり、更に言うならばトート・ヘルメスによってもたらされたものです。それと、モーゼがヤハヴェからもらった杖はトートヘルメスの杖です。これは、アトランティス時代のテクノロジーである重力制御装置であり、今でもカドケウスの杖として描かれているような形状をしていました。二重らせんと鉱物の結晶構造を活用したものです。空（エーテル）のエネルギーを利用した装置の一種です。このエネルギーの3次元的な投影として電磁波も含まれます。レーザービームも発生させることが可能なものでした。ギリシャ神話の中でゼウスの雷《いかずち》と言われるものでもあります。これを利用したので岩から水を出したとされたのです。因みに岩から水を出した場所はインディ・ジョーンズの映画の撮影にも使われたペトラ遺跡です。

有名な、海を割ることとは、この電磁気的な効果を利用してのものです。物理学ではその名もモーゼ効果という現象がありますが、強磁場を与えると水が分かれる現象が起こります。この場合はサポートしていた母船がこれを行いました。水は弱いながらも磁性を持っているために起こるのですが、磁性を研究すれば重力との互換も可能になっていくことでしょう。地球も巨大な磁石が回転しているようなものですので、その磁性を利用したテクノロジーも今後もたらされることになります。しかし、この原理を利用した装置の使用法を誤ると感電死することにもなるため、その装置の一つであるアークにうかつに近づいたことで感電死する様が出エジプト記には記述されています。

出エジプト記ではモーゼが出エジプトにおいて40年間もの長い間砂漠をさまよったように表現されています。実際には行軍自体は40年間ではなく約4年ほどだったようです。40年といっているのは、モアブ平原でのカナンの地へ入るための待機期間を含んでのものです。それでもこれだけの大人数（約40万人）ですから普通では考えられないことです。実際にはヤハヴェの母船によって守られていたために大丈夫だったのです。この母船のエネルギーフィールドによって、日中は縦長の雲、夜は燃える炎の柱として常に付き添っていたということが記されています。また、マナというゼリー状の栄養素が入った、現在の機能性食品と同じような食物が供給されていました。ウイダー・イン・ゼリー（固有名詞ですみません）のようなものでしょうか。

最終的に十戒と呼ばれた石版を受け取りますが、前述のようにもともとは12戒であり、2戒はモーゼが隠したわけです。これは、ホレブ山（シナイ山）という当時の神々の宇宙港に登ってメッセージをもらったものです。なぜ2戒を消したかというと、当時の人々も現在の人々も同じ事なのですが、まだ受け取る準備が出来ていなかったためです。

ホレブ山は、「未知との遭遇」という映画に出てくるデビルズマウンテンにそっくりです。私がホレブ山の存在を知ったとき、あまりにも似ているのでびっくりしたほどです。「未知との遭遇」自体がインスパイアされた映画であり、次世代の地球では宇宙の存在や上位密度の存在達や別の周期の存在達に普通にアクセスするようになることを暗示しています。また、先んじてアクセスする人々がポジティブに捉えられるようにというメッセージのための映画であるとも言えます。いつも私たちは護られているし、サポートを受けていることの一つの表れです。

洪水の前と比較すると、当時神々（ＥＬＯＨＩＭ）と呼ばれたニビル人達は人々の前からは完全に姿を消していたようです。

第12章　古代の意識のレベル

古代エジプトの時代やモーゼの出エジプトのころは、宇宙機を見れる意識レベルにある人が少なくなっていたようです。私の経験では、その人の意識レベルが上がると見ることが出来ますが、エゴが強い状態にある場合には見るのが難しくなります。こちらの意識レベルだけでなく、彼ら地球外、もしくは上位密度の存在達は常に私たちをウォッチしているので、彼らが望まないと見せることもしません。同様に彼らとチャネリングが出来る人も少なくなってきたようです。神殿での巫女などによる神託などの場合を除いては、一般の人々の間にはあまりチャネラーは存在していなかったようです。

チャネラーというと、私はソクラテスとかクレオパトラや、マグダラのマリアと言われているマリアムネやジャンヌ・ダルク、日本では卑弥呼の人達(卑弥呼とは当時の役職名であった)や明治時代以前の天皇家とか、中国から派遣されてきた聖徳太子、松尾芭蕉などを思い浮かべます。松尾芭蕉の「静けさや　岩にしみいる　蝉の声」という句は、この句を詠んだのが冬ですから、実際の蝉の声を聞いているわけではありません。蝉の声とは、実は精神を落ち着かせると聞こえてくる宇宙機の母船の音です。これは体験した人しか分からないので、分かる人に向けて発信した句と言えるでしょう。ともかく、現代はチャネラーがどんどん多くなっていますが、第7文明の中世の時期には人数的にはかなり少なくなっているという印象です。この傾向はこの後かなり続くのですが、現在になり意識レベルが急激に上がってきたことで事情が変わってきています。

現在は多くの人がチャネリングも普通に出来るようになっていますし、意識レベルを上げることで真理を理解できる（悟る）ようになっていく途上にあるといえます。もちろん、準備が出来た人は、地球外もしくは上位密度の存在達とアクセスすることも多くなってくるでしょう。

どのような環境であろうとも悟りに到達することは可能です。修業することで悟りに到達しようとしている人は、修業という形で到達しようとしているのであり、この世界では自分の見たい自分になっているのです。

修業しなければ悟れないと思っているのであれば、修業を完了するまでは悟ることは出来ないでしょう。結局自分自身で状況を作り出しているのです。悟りたいと思っている人は、悟りたいという状況、即ち悟っていない状況を作り出してしまいます。まずは思考レベルで悟ると断言すること、つまりアファーメーションすることが大事であり、準備が出来ている魂の場合は悟りに導かれていくことになります。なお、マインドレベルでの思考は、実現することもしないこともあります。全てはその上位にある意識と信念にかかっています。つまり、創造の力の順列としては思考よりも意識が上であり、意識よりも信念の方が上ということであり、信念のレベルで確信していないと現実化は難しくなります。〝信念は岩をも通す〟です。イエショア・ベン・ジョゼフに長血を患っている女性が触れたことで病が治ってしまった話が新約聖書に載っていますが、イエショアは、「あなたの信念がそうさせた」と断言しています。その意味は私の説明でご理解いただけたでしょう。

これを応用しているのが錬金術であり、現代では成功哲学と呼ばれているものです。修業しなければ悟れないというものであれば、真理とは全ての人や存在の上に降り注いでいるものではなくなります。病気の人にも、体に障害がある人にも裕福な人にも貧乏な人にも等しく真理の息吹は吹きかけられています。

悟ることは魂の準備が出来たときに訪れます。現代は、差を取ること、鎖《さ》（カルマの鎖も含みます）を取ること、すなわち悟りの時代です。人の上に人を作らず、人の下に人を作らずです。魂が決して死なないこと、この世界では肉体は3次元を体験する乗り物であることを真に理解したら、今のとらえ方が変わります。この意識の状態こそが私たちが次の地球で実践していくべき意識のレベルなのです。そして全ての記憶を思い出し、re-member すなわち再び宇宙のメンバーに戻るタイミングです。そして本当にラブ&ピースを理解し実践していくタイミングです。

後にテンプル騎士団と呼ばれる、イスラエルに侵攻したキリスト教の人々が求めたものはこの世界の真理であり、物質的な宝ではないのです。この真理から錬金術へとつながっていくことになります。真理を悟ることこそが、本来の人間の欲求の中でも最上位にあるように思います。宗教などで、最終的には悟りを得ることを目的としていることも、その表れと言えるでしょう。

第13章　第7文明の宗教の起源

現在、三大宗教と呼ばれるものは、キリスト教、イスラム教、仏教ですが、これらの宗教は基本的には偶像崇拝を禁じています。

しかしながら、キリスト教においては、救世主であるとされるイエス・キリストを崇拝していますし、十字架を崇拝しています。キリスト教徒達に言わせればそれは偶像崇拝ではないと言うかもしれませんが、私には偶像を崇拝しているようにしか見えません。仏教ではそれが釈迦のように思います。偶像崇拝をすることが何故良くないかに関しては後ほど触れるとして、単純に自己矛盾しているように感じているということです。

第二部において述べたように、キリスト教とイスラム教に関してはアテン教がベースになっています。しかし、このアテン教も、実際にはレムリア・アトランティスの時代のオシリス教を起源に持っているのです。アクエンアテンがギザの大ピラミッドの中でイニシエーションを受けて授かったのは、オシリス教であったのです。従って、第6文明のオシリス教が第7世界の宗教のベースになっているということなのです。仏教が入っていないではないか、とおっしゃるでしょうが、仏教も、ベースがオシリス教であることをこれから説明します。

仏教は、ゴーダマシッダールタが興した宗教であると言われていますが、実際には彼が行ったのは、それまでの宗教にプラスして悟りの教えを説いていくことであり、何もないところから興したわけではありません。

今から約1万2850年前にレムリア大陸が沈む直前に、オシリス教の教えを持ち出した集団がありました。もともと、レムリア大陸が沈む事に関しては当時でも予測されていたことです。実際に時の長であるラ・ムーは警鐘を鳴らしていたのですが、人々はまさか本当に沈むとは考えなかったのです。しかし、目覚めた人々がそのことを予見し、教義を後世に伝えるために密かに持ち出したということです。そして、それらのうちでも最も多くの文献が持ち出された先が、現在のミャンマーあたりと南米です。他に大陸が沈む直前に脱出した人々が流れ着いた先が、日本では四国と九州、沖縄です。北米ではインディアン達に口伝として残されています。因みに、レムリアでは五色人が居住していましたが、それを如実に物語っているのが、レムリアの末裔達が建てた熊本の弊立神社であり、そこに五色人の仮面があるということです。現時点では私は見たことはないのですが……。このことも、私がある方にこのレムリアの五色人と九州に逃れたことを話していたときに、弊立神社に五色人のお面があるということを教えていただいたのでした。それもシンクロニシティの一つですね。レムリア大陸の痕跡は多々ありますが、聖地であったハワイは聖地であるが故に現代に残っています。ハワイ周辺の海底は、そこが以前は陸地であったことは学術的に明らかにされています。ハワイに人が引き寄せられるのも無理からぬ事です。

さて、オシリス教とは、宗教と言うよりも精神科学とも言えるものであり、現象と精神とが結びついていて切り離せないことを理解しているものです。つまり精神と物質的な現象とが関係性を持っていることを理解し、どのように精神が物質に作用するか、精神とは何であるのか、この世界とはどのような性質を持っていてどのような意味があるのかということを教えるものです。さらに、私たちの存在そのものが精神が存在している、3次元よりも上の次元からの様々な影響を受けており、そこには宇宙意識とでも言えるようなこの世界全体に浸透している意識が存在しています。そしてそれはある方向性の意志を持っていることから、創造主や神と呼ばれています。この上の次元を知り、ここから情報を取ることで真理を学ぶ事が出来るのです。

当然のことですが、この教えには宇宙創造から私たちのようなヒューマノイドなどの存在の歴史、そして地球におけるヒューマノイドなどの存在の歴史も含まれています。これらの真実と真理とがベースになっているのがオシリス教であり、言葉の違いで分かれていますし、解釈の違いで枝葉末節に関しては分かれていますが、現代の3大宗教が大筋はほとんど同じであるのはオシリス教を起源に持ち、そのどれもが真理を扱っているのですから当たり前のことなわけです。

偶像崇拝が問題なのは、この世界は創造主のみが真の意味で神と呼べるような存在であり、天使（宇宙の使い）達や、太陽系の惑星の住人達、地球の人類も含めた存在などは実は兄弟姉妹に過ぎないということを理解していないということなのです。

周期が上の存在達にアクセスしたことがある人ならば経験していると思いますが、彼らが私たちに対して語りかけてくる時は、必ずブラザーと言ってきます。宇宙の真理を理解しているのであれば、魂の成長が早いか遅いかで差をつけるようなことをしないのです。偶像崇拝をすることは、結局差を作り出していることになるということが問題なのです。また、それが宗教的な問題となると、結局救いを求めることになり、形を変えた救世主願望となります。救世主願望をしているということは、宇宙の法則を理解すれば結局救世主を待ち続けるという状況を作り出してしまうということなのです。

第14章　レムリアの名残　日本にて

レムリア大陸が沈んだのが今から約1万2850年前ほどですが、皆さんムー大陸と混同されているようです。理由として、最後の神官であり為政者でもあったラ・ムーの名前によることも大きいのですが、ジェームズ・チャーチワード氏の考察による、レムリア大陸をムー大陸と混同したことにも影響を受けているようです。言葉が似通っていることもありますが、現在の人々が勝手に名付けているためでもあり、本来はその当時の呼び名で呼ぶべきではないでしょうか。レムリアを、レムールという猿の一種の分布からインド洋における大陸の名前として二十世紀に名付けた事になっていますが、こちらがムーで太平洋上にあったのがレムリアなのです。

このころのレムリア大陸の文明は、精神的な力を物質的なものに反映するということがベースになっていました。現在ではこのような精神的な力は超能力と言われていますが、この力は至って普通の能力ともいえるのです。成功哲学と呼ばれるものは、この、精神的に強く念じたことが現実化する事を言っています。また、念の力については色々な場面で見ることが出来ます。神社などでのお札、絵画、料理、本当に色々なところでその力に触れていると思います。念という漢字を見れば、今の心です。結局、心が力を持って影響を与えているということです。そして、この力を最も現代に伝えているのは日本なのではないでしょうか。この力を重要視するため、念のこもったものを尊重している文化になっていると思われます。神道や大和魂（字のごとくで、大きな和の魂であるのに、最近の、戦いに対する使われ方には違和感を覚えます）というのは、明らかにレムリアから伝わったものといえます。

実際には、前述のように、レムリア大陸が沈む前にそれを予見した人々が避難しています。日本には、沖縄・九州・四国に避難しています。四国高知県の足摺岬にある唐人駄馬遺跡のエリアは現在シリウスのポータルになっています。シリウスのエネルギーを感じることが出来るエリアであり、巨石文明の名残である唐人駄馬遺跡の亀石と呼ばれる石はまさしくレムリアの方向を指し示しています。

チャーチワード氏が言っているように、オシリス教の教典（聖なる霊感の書など）を持ち出したナーカル族は、インドシナ半島へ避難しています。アンコールワットなどの遺跡はこのナーカル族がレムリアのヒラニプラを模して作った場所です。もちろんレムリア大陸の東側から避難した人々は、北アメリカ大陸ではインディアンとしてその名残を残しています。南アメリカ大陸に避難した人々はビラコチャと呼ばれ神格化されています。因みにアトランティスから南アメリカ大陸に渡った人々はケツァルコアトルと呼ばれて区別されています。

日本では、このレムリアの子孫が文明を興します。当初は意識の力を使った巨石文明だったのですが、地球の重力の増大とともに徐々にその力を使える人々が減っていきます。日本には巨石文明の名残は至る所にありますが、現在ではそれらの意味もなぜ作られたかも分かっていない状況です。これらは通信手段として、また、エネルギースポットとしての利用など、多岐にわたっていました。

オシリス教は、自然との調和、人の輪（和）、この世界のサイクルを真に理解し応用する教えですので、意識や思考、行動がどのように自らに返ってくるかを理解しています。言い換えれば、この世界は、自分がどのように見るかが自分に返ってくるわけです。もっとやさしく言うと、自らが行ったことが自らに跳ね返ってくるということです。

人と人との間だけでなく、自然に対してや、動物に対して、更には物に対しても同様なのです。現代では、本来は当たり前のこととして知っているべきこの教えの真理が分からなくなってしまって、今が良ければよい、自分だけが良ければよいという思考によって作り出された世界がそのまま私たちに跳ね返ってきているわけです。

原因と結果というのは、その間に時間があるから成り立つのですが、現在この、間の時間がどんどん短くなってきています。以前は「親の因果が子に報い」というぐらい因果の間の時間が長かったのですが、現在はこの因果の間の時間がとても短くなってきています。

因果関係というのは実際には作用反作用であり、結局は自分が行ったことは自分に跳ね返ってくる事になるのです。このことを真に理解したとき、初めて自ら考えること、自ら行動することが劇的に変化します。はるか昔のレムリア時代の教えを思い出すべき時に来ているのです。

九州に上陸したレムリア難民は、弊立神社を建立しレムリアを懐かしがりました。四国では、足摺岬の唐人駄馬遺跡にかつてのレムリアに向いた巨石があり、やはりレムリアを懐かしんでいました。その後、四国では邪馬台国が起こり女系の統治により、争いのない和を重んじる自然と調和した文明が興っています。

他の章でも記しましたが、アトランティス大陸が沈んだ後、数千年にわたって地上は植物がまともに育たないほど荒廃していました。当然日本もそうだったのですが、レムリアの末裔達は、レムリアの最後の教訓を生かして自然との調和を図る生活を主体として、たとえ地中での生活であってもオシリスの教えを受け継いできたのです。そして、大気の状態が安定してきた頃より地表で生活をはじめ日本全土に広がっていきます。

一部の人々はユーラシア大陸へも渡り文明を伝え、これが黄河文明の興りにつながっていくことになります。

日本は中国より文明がもたらされたという説が一般的になっていますが、実際には日本から中国に文明がもたらされたのです。実は後に中国から派遣された聖徳太子によって歴史が捏造、覆されたのですが、このことも近々明らかになることでしょう。この件も後の章で記します。

さて、邪馬台国では、女系のチャネラーであり、為政者の階級である〝卑弥呼〟と呼ばれる人々が国を治めていました。そのため人々は自分がなすことが自分に戻ってくるという真理を理解していましたので、争いや侵略は決して起こらなかったのです。


しかしその後、イナンナの部下である神々と人間の半神半人（ハイブリッド）である〝神武〟が日本を支配下におくためにやってきます。ここでもオリオン星系における光と闇の戦いが繰り返される形になるわけです。

レムリアとアトランティスがそうだったように日本でもそれが起こります。光と闇の戦いというのは星同士でも、国同士でも、人間同士でも、人の心の中でも起こっているのです。それこそが二極性の世界での学びだからなのですが、学びを終えれば争いは起こらなくなるのです。

イナンナが治めていたのは、インダス地方でした。その部下である神武は、インダス出身の半神半人です。当時の神々は普通にヴィマナと呼ばれる飛行機によって空を飛び交っていましたが、神武は日本を、武力によって制圧しようとしました。

神武の東征と呼ばれるのは、インダス地方からみて日本が東に当たるからです。神武はヴィマナを使って日本中を飛び交っていました。そのため、エネルギーセンターである離発着場を方々に作ったのです。広島県の葦嶽山（日本最古のピラミッドと言われています）には神武岩と呼ばれる目印が現在でも残されています。ここでヴィマナのエネルギー補給をしていたようです。大和三山では、畝傍山の麓が神武天皇陵ですが、畝傍山には管制塔があり、香具山は宇宙港で、ここから月へ行ったり来たりしていたのです。天の香具山と呼ばれるのも、高天原である月のイナンナの祖父にあたるアヌ（これがあま〝天〟《別名あまてらすおおみかみ＝天照大神》となります）にイナンナが頻繁に会いに行っていたからでした。これは神々の一生が現在の人類に比較すると不死とも思われるほど長いのと、神々は近親相姦が普通のことでもあったことからもお分かり頂けるでしょう。つまり、イナンナはアヌの孫、すなわち天孫であり、愛人でもあったからです。このことは、イナンナが、夫であるバールの目を忍んでバール神殿からかなり離れた場所、日本から月へ行っていたことも理由の一つです。世界中で浮き名を流したイナンナらしいエピソードの一つでもあります。イナンナはとても色っぽく、見た人が自分の理想の女性像を投影する能力を持っていたので、彼女に求婚する人々が後を絶ちませんでした。これが後にかぐや姫伝説となるのです。

神武もチャネラーでしたので、その家系は代々チャネラーを産み、これが天皇家となって残っていくことになります。それ故、征夷大将軍や時の為政者達は必ず天皇にお伺いをたてに行くことが慣わしとなっていったのです。現在の天皇は、家系が明治で断絶しているのでチャネラーではありません。しかし、現在も大麻を使用した神託の儀式は残っているようです。

神武が台頭した時期に、歴史の中に邪馬台国は隠されました。争うということが、宇宙の法則に反することを理解していた人々は、自ら埋もれることを選択したのです。そして、空海によって完全に封印されました。その封印が２００６年に解かれたことをきっかけに邪馬台国の真実が明らかにされ、レムリアの真実が明らかにされる時が近づいています。それだけでなく、真にこの世界の真理を悟るタイミングも近づいてきているのです。

第15章　ヤハヴェとバール

さて、隕石のアトランティス直撃によるノアの洪水（3回目）以後は自然環境が著しく悪くなっていました。その後、メソポタミアではシュメール文明が起こり、その時、現在のイラクに宇宙港が作られました。

その宇宙港がなくなったのはノアの洪水の4回目であり、およそ6400年前になります。この前後も神々は降りてきており、エジプトやカナン地方、インダス地方や中国などに拠点を設けていたわけですが、その中でもインダスに居を構えていたイナンナの力が大きかったことは前述したとおりです。

彼女は世界中でその痕跡を見ることが出来ますが、エジプトではイシス、ギリシャではアフロディーテ、ローマではヴィーナス、日本ではかぐや姫や遮光器土器として、通常、豊穣の女神として残っています。

神々とはいっても現在の人間と同じように、争ったり嫉妬したりする普通の肉体を持った存在でした。ただ現在の地球より約350年ほど科学技術が進歩していただけなのです。科学技術に関しては、物質的に電磁波を使った路線で進歩した現在とかなりよく似た進化の仕方をしているので、周期が上の存在達と比較すると精神的には相当に低かったといえます。しかしながら、彼ら神々は当時の地球人からみれば魔法使いのようにしか見えませんし、身長も大きかったので〝神〟という位置づけになったわけです。しかし、争いは常にあったので、神々の戦いに関する神話が無数に残っているわけです。

ここで取り上げるのは、ヤハヴェとバールの戦いです。ヤハヴェに関しては第9章でも取り上げていますが、ヘブライ人（イスラエル人）達を導いたモーゼを導いた神です。柴が燃える中に現れ（単純に言えば宇宙機で降り立って）、モーゼに啓示を与え続けた存在です。聖書の中でもかなり辛辣で、わがままと思われるほど短気な存在です。ある意味恐怖と戒めによって人を導いていくパターンをとっています。これも歴史の中においてはこのような方法論も必要なことだったということなんでしょう。

バール神は、カナン地方を治めていた神ですが、有名なバールベック神殿やバール神殿などでその痕跡を見ることが出来ます。バールベックで見られる、切り出された２００トンとも言われる巨石がそのまま転がっている様を見れば、明らかに現代の科学よりも進歩していたことがわかるでしょう。

バールベックやバール神殿は宇宙港でした。バール神殿の石灰化した石は、ここからロケット燃料によって打ち上げられていたことを示す痕跡です。この基地の総司令官（地球の）がバールだったのですが、それに加えて、エルサレム（モリヤ山）の管制官であったヤハヴェがアナウンスを担当していたというのが本当のところです。

ギリシャ神話などに出てくる神々がナツメヤシと共に描かれているのはご存じでしょう。ナツメヤシが生えている場所は、カナンの地すなわちバール神殿などがある地方です。そして、この地方に月との間を行き来する宇宙港があったのです。

彼らが、シュメール文明が洪水で流された後にまだ大量の泥が残っていたため、同じ場所での再建を断念し、カナンの地に新たに宇宙港を建設したのは当然のことでした。そして、現在のエルサレムに管制塔を置いたのです。そして、それ以前のエンリルから総司令官としての地位を引き継いだのがバールだったのです。

バールはプレヤデス系であったので、牛が象徴でした。これは現代の日本でも昴《すばる》信仰になっていますが、プレヤデスの影響が非常に濃いことを表しています。因みに、源義経が鞍馬山での修行中に天狗に指導を受けている頃、牛若丸と呼ばれていたことはご存じだと思います。これは天狗すなわちユダヤ人から、義経が、牛系の星から来ていた魂（つまり牡牛座の出自であり、実際にはアルデバラン星系から来ています）であることから牛若丸と名付けられたのです。

さて、雨と豊穣の神として名高かったバール神ですが、日本ではスサノオとしてその名が通っています。彼の妻は先ほど出てきたイナンナです。バールは地球の総司令官としての役割を持っていたのですから、当然権力志向の強かったイナンナはその妻の位置を占めていたことは言うまでもありません。イナンナも牛を表象として表されるのはそれ故です。カナン（フェニキアの地）では、バール神を信仰し、太陽神として崇めていたのです。そして、その部下の一人であったヤハヴェは、管制官としてかなり発言力が強く、また厳格で有名でした。モーゼに授けた十戒の第一に「あなたはわたしのほかに、なにものも神としてはならない」という言葉がありますが、これは他にも神がいることを暗に示しています。そして、この非常に厳格で残忍であったヤハヴェの影響の下に、バール信仰を悪と見なしていくことになるのです。モーゼが十戒を授かってきたとき、金の牛を作って崇拝していたというシーンが有名ですが、この金の牛とはすなわちバール信仰です。ここにも神々の争いの断面が見て取れます。そして力を持ったヤハヴェの影響によって、他の神々の真実の姿が隠されていくことになり、この世界での意識洗脳がより強まっていくことになるのです。しかし、これだけ強い洗脳から目覚める……、という希有な経験が出来ることによって、真なる目覚めが起こることになっていくというのは、宇宙の意識のなせるわざ（シナリオ）といえます。つまり、私達が神々と呼んでいる存在達も、全て創造のエネルギーとしての創造主のシナリオの一部を担っているというわけです。

第16章　ゴータマ・シッダールタ（釈迦）

現在のインドのクシャトリア階級に生まれた王族のゴータマ・シッダールタがどのような経緯で覚醒したかを記します。彼の真実もまた、偶像崇拝による情報操作によって隠されていることは言うまでもありません。

当時のインドは、日本の戦国時代のように小国が群雄割拠の状態でした。もちろん、現在のインドと同様に、ヒンドゥー教によって階級意識が浸透しており、これは、地球における第5文明であるムー文明の影響と、その後の第6文明におけるアトランティス文明の影響をかなり色濃く残しています。アトランティス文明が滅んだのが差別意識による反作用であるように、当時のインドでも、人々をオーラの色で差別していました。

アトランティス時代には、オーラの色によって階級を定め、その階級によって支配層と被支配層や奴隷制度を作っていたのです。オーラの色を人々が認識できたことによるものでしたが、オーラの色と合致する服まで着てそれによって人々を差別していました。まるで、かつてのアメリカ合衆国における肌の色による差別を基にした奴隷制度のようでした。これは、アトランティス大陸にいた魂達が現在のアメリカ合衆国に転生していることに大いに関係しています。しかし、この差別のカルマも黒人の大統領であるオバマが誕生するに至ってようやく真の意味で解消されてきていることはおわかり頂けるでしょう。因みに仏教寺院などにおける袈裟の色は、修行僧が、赤からオレンジ、黄、緑、青、紺、最高位の大僧正は紫と階級が上がるにつれて変わっていくのは、チャクラの色に合致していること、振動数が上がるにつれて可視光領域で変化していくことに対応しています。

色々なところにその名残があるのです。なお、アメリカでは黒人の解放運動から始まってどんどん人種や肌の色による差別はなくなってきています。このようにアトランティスにおけるカルマはかなり解消してきており、現時点では洗脳から醒めて意識覚醒をしている人々は日本よりもアメリカ合衆国の方がはるかに多い状態です。ただ、前著「世界を変える本」にも記したように、実際に世界を変革させる原動力になるのは、日本におけるレムリアの転生の魂達であることは種々の要因から明らかです。なぜ今この日本に私達が存在し、この本を読んでいるのかを考えてみていただきたいと思います。

さて、ゴータマ・シッダールタは、普通に王族に生まれかなり裕福な少年時代を送っています。生まれてすぐに「天上天下唯我独尊」と言ったなどと言われていますが、人の子として生まれた彼はそのようなことを言ったとは考えられません。あくまでもこれは後の偶像崇拝が作り出した架空の話のように思います。ともかく、富裕層に生まれ、妻と子供をもうけていますが、王族における儀礼的な制約と欲望のままに生活していることに嫌気がさして飛び出します。この時には修業に出たように後の世では伝わっているようですが、もっとも大きな理由は、彼の息子は自分の子ではないと知ったことです。それ故に彼は息子にラーフラ（悪魔）という名前をつけたのです。この後、商売を経験したり遊女のひもになったりと、王族では経験できないことをかなり多く体験しています。これらの経験によって全ての人々が精一杯生きていることや、人の生の意味を実際に体験することで学んでいます。しかし、元々彼の魂のこの生における宿命は、この世界における魂のバージョンアップの道しるべとなることでしたので、そのように現世の価値観からの脱却を促すように運命が矯正されます。ことごとく自分の意図することがうまくいかない状態に陥り、この悪循環によって今の世で言うところの浮浪者状態になり、やせほそり髭も伸び放題、髪の毛もそれこそ不潔でボサボサ、ボロをまとい、とてつもない嫌な臭気をまき散らす状態にまで堕ちます。この魂にとっては、この体験が覚醒に至るための必要な過程でありました。その後、何とか自分の国まで戻ってきます。しかし、このような状態ですから、誰もが王子であることを信用するわけはなく、塀で囲まれた城には入れてもらえません。そして、城の門はなだらかな坂の途中にありましたが、その坂の下の城壁の近くでしばらくの期間うずくまっていました。そして、運命の日がやってきたのです。隣国が攻め入ってきたのです。

シッダールタは、体力も気力もなくなっている状態でしたので、ただただ呆然と、自分の家族が殺され自国が滅びるところを目の前で見たのです。自分の家族を、自分の国を一瞬にして失ったのです。

もはや絶望のため自我崩壊状態に陥り、飲まず食わずひたすらさまよい、そして自分の命さえもが消えかかった時に彼は覚醒するのです。そして、それが、川のほとりの菩提樹にもたれかかった時だったのです。全ての現象は魂の学びのためにあり、本当に追い詰められて全てを失ってはじめてこの世界の全てがいとおしくも尊いものであり、それこそありがたい（有り難い）ということを理解したのです。魂が死ぬということはなく、この世界の現象の意味（全ては必然であり、諸行無常であることなど）や宇宙の真理を悟ったのです。

彼は、悟りの体験は人に伝えることができないと生前言っていました。結局、体験を伝えるには体験する以外ないからです。実は悟りの体験も人によって様々です。ですから、その人にとって自分が納得できる形の見え方によって見ることになるので、説明しようとするとばらばらになってしまうのです。

現在の仏教における修業は、弟子達がゴータマ・シッダールタの歩んだ道をトレースすることで悟りを得ようとすることに起因しています。肉体的に自分を追い詰めて、執着や依存からの脱却・解脱をすることによって体験しようとしているのです。断食や座禅、荒行などは通常の意識状態から変化させることによって一種のトランス状態を作り出し、変成意識へと導こうとしている試みといえます。しかし、肉体的・物理的なものだけで心理的な依存からの脱却が出来るかどうかについては怪しいものがあります。結局その魂次第ですから、修業することで悟れるとは限らないのです。精神的な修養によって覚醒に至ることも多々あるのですから、肉体的・物理的な修業という方法を極度に重要視する必要はないと思います。

現在の地球における状態をかんがみると、一般の社会の中に存在していた方が心の修業になるように私には思えます。

このように、ネガティブをとことん経験することによってバージョンアップするパターンを示した存在がゴータマ・シッダールタ、後に仏陀と呼ばれた存在です。これだけの苦しみを経験したことによってとてつもない慈愛に満ちた存在となっているのです。現在の仏教における煩悩からの脱却、苦を通しての悟りのパターンはこのようにして出来上がったものなのです。第18章で記しているイエショア・ベン・ジョゼフによる一人一人のポジティブサイドからの目覚めを促しているのとは対照的に、ネガティブサイドからの目覚めとも言えます。どちらが優れているということではなく、一人一人の魂が、この二極性の世界においてはどちらの側面も持っていることを理解できればどちらのアプローチでも良いのです。

ゴータマ・シッダールタがとても慈愛に満ちたやさしい視線で世界を観るようになったのは、彼自身の非常に厳しい体験を通してでした。そして、全てを見通す目を持ち、不動明王のように、現象に左右されないレベル（振動数）まで上昇したのです。その彼の下には物質的な執着をとことん捨て去るサンガー達が集まってきて、原始仏教のもととなっていったというわけです。

どの宗教でもそうですが、最初は宗教というよりも哲学的な教えが中心です。しかしながら、その後に関しては権力との結びつきなどから、情報操作や意識操作のツールとなっていくケースがとても多いのです。

現在、ゴータマ・シッダールタも偶像崇拝の対象になっています。人を尊ぶことは良いことですが、それと偶像崇拝をすることとは違います。偶像崇拝とは依存と執着を生みます。そして、ほとんどの宗教がもともとはそうであるように、自分の中の依存や執着から解き放たれることを目的としています。私は以前から、宗教とは自分の依存を視るためのツールでもあると言っています。宗教という、依存や執着から解き放たれるために、敢えて依存や執着をするステップとして存在している場合もあるという意味です。そして、その依存や執着から解き放たれるという体験をするために存在している場合もあるのです。元々この3次元における全てのものは、自分のものなど何ひとつなく、地球から借りているだけのものに過ぎないのです。諸行無常であり、全ての現象は自分の魂の鏡に過ぎないのです。それを「自分が自分が」と言い、誰のものでもないものを自分のものだと言い張り、それを奪い合うために争っています。そしてこの争いや依存や執着を体験することで宇宙の真理を学んでいるのです。ですから、過去の価値観における現象は全て必要な過程であり、それを否定する必要はないのですが、もうそろそろ私達はこの学びを終えて次のステップに踏み出しても良い頃合いとなってきています。そして私達の魂はこれらの現象に左右されない振動数レベルまで上がることを欲しているのです。イエショア・ベン・ジョゼフもそうですが、偶像崇拝をすることは必要な過程であったのです。しかし、真の意味でその過程から次のステップへと上がること、洗脳されている状態から醒めるという体験をすることでバージョンアップをするタイミングに私達は今いるのです。

ゴータマ・シッダールタの言葉にある、「袖振り合うも他生の縁」という言葉があります。私達は何度もこの世界に転生してきて、自分に縁がある人は他の生においても縁があるということを当たり前のように言っています。これは、覚醒することで過去世を理解し、この世界における自分の転生を理解し、そして、今回の生における目的を理解することによってごく当たり前に出てくる言葉なのです。私達は、ゴータマ・シッダールタに惹かれようがイエショア・ベン・ジョゼフに惹かれようが、他の人々に惹かれようがそれには理由があります。そしてやみくもに偶像崇拝するのでなく、その事実を受け入れ、その自分の魂が求めていることに素直になれば今生における自分の目的を知ることが出来るでしょう。そしてその目的を知りその目的に向かって生きることを選択し、実践するならば必ず導かれていくことでしょう。

現在の地球では、彼ゴータマ・シッダールタと同じようなとても苦しい状況を体験している魂達が多く存在しています。その体験・経験は必然なのです。そして、「夜明け前が最も暗い」ということがここにも当てはまるのです。本当に苦しく厳しい状況は、私達の魂が急激に成長するタイミングでもあるのです。もしあなたがこのような状況に対峙しているのならば、現象から逃げずに対峙してください。逃げれば試練はどんどん大きくなって次々にやってきます。なぜならば、この試練は、あなたに超えて欲しいためにあなたの魂が与えているものだからなのです。超えられない壁はやってこないのです。そして、超えたときにこの現象を起こしてくれたことに感謝することでしょう。

第17章　ソクラテス

ギリシャのアテネ時代の賢人といえばソクラテスとプラトン、それにアリストテレスが有名です。その中でも、ソクラテスは自分では本を書いておらず、全て弟子のプラトンの著作によってその素顔がうかがい知れるのみです。彼は、今で言えばチャネラーだったのですが、当時はチャネリングといえばデルフォイの神託ぐらいで、特殊なものであるという意識が強い頃でした。

現在の日本も当時のギリシャとは意識レベルは似たようなものです。チャネリングは特殊なものである、オカルトのように真偽が定かではないという思いこみがまだまだ強いです。それなのに修養者と言われる人のお告げの言葉は信じようとする、つまりは権威主義なわけです。私は全ての人がチャネラーであると思っています。ひらめきやインスピレーションとはチャネリングの一種でもあるのですから。

断っておきますが、チャネラーと呼ばれる人はチャンネルを合わせるように色々な振動数の存在にアクセス出来る技術をもっているということで、その意味では特殊技能者であることを否定しているわけではありません。優れたチャネラーは優れた人格も有しています。なぜならば、自分の準備が出来ている範囲でしか情報を受け取れないのですから。

さて、ソクラテスがつながっている先がデーモニウムと言っていたので、これがデーモン（悪魔）の語源になっています。つながるときには道を歩いていようとも、そのまま立ち止まって半日もじっとしていたともいわれています。いつの世でもそうですが、出る杭は打たれるのですが、それが史実として残っていることは珍しく、ソクラテスが現代にもその名前が残っていることは奇跡的な事とも言えますが、これも宇宙のとても素晴らしい采配ともとらえることができます。

彼の最も有名な「無知の知」という言葉は、物事を本当の意味で知っているかどうかをソクラテス自身が知らないと言っており、その知らないという一点を知っているということで、他のアテネ市民よりも自分は優れていると言ったのです。他のアテネ市民は、「私たちは何も知らない存在であり、そのような謙虚な姿勢で物事に臨むことが出来ていない」こと、つまり知ったかぶりをしていることで真実が見えなくなっていると揶揄《やゆ》したのです。また、人々は準備が出来たときに初めてその準備に値する知識や体験が与えられます。従って、準備が出来ていない状態では、準備が出来た人の体験や知識を理解することは難しいのです。私達はまだ体験していない限りは知らない世界があることを知ることが必要です。その謙虚さが大事なことなのです。真に開いた人々はとても謙虚です。それは、「無知の知」を知っているからです。

この世界では、私たちは自分が見たいように物事を見ていますし、見たい物が現実化するという真理があります。つまり私たちは見たいようにしか見ておらず、魂の進化とはこの見たいように見えているということを知ることから始まるのです。ソクラテスは常に物事の本質を見抜く目を養い、そして真に人間的な生き方をするべきだと説いていたのです。

実際に現代では、真偽はともかく情報が非常に多く氾濫しています。そして、ほとんどの争いの原因は真理を知らないことに起因しています。別な言い方をすれば、知らないということを知らないとしないことから発生しているとも言えます。真理を知った人は全てを見通す目を持ちますが、それでも全てを知っているわけではないのです。知らないことは知らないのです。私達の魂は、この世界に自分の知らないことを体験するために来ているのです。この謙虚さを持って現象を眺めるとき、全てが新鮮でとても楽しいものであることが解るでしょう。

また、ソクラテスの弟子でもあるクセノフォーンの著作である『ソクラテスの思い出』では、「多くの人々は神々はある事は知らずにおり、ある事は知っていると思うのであるが、ソクラテスは、神々はわれわれの言葉も行いも、黙って考えていることも、すべてを知り、あらゆる所にいまし、人間の事の一切について人に諭しを与えると考えていたからである」という表現がありますが、元々アクエンアテンの転生である彼はアテンを理解していたことは当たり前のことなのです。アクエンアテンであった時にもチャネリングをしていましたが、ソクラテスの時にもデーモニウムにチャネリングしており、上位周期の存在達から宇宙の真理を教えてもらっていたのです。

彼ソクラテスは、実際に裁判で負けて最終的に毒殺されることになるのですが、それを望んでいたアテネ市民はほとんどいなかったと思われます。というのも、この裁判自体がソクラテスに対する嫉妬と、あまりにも政治的に影響が出てきたことに対して多少お灸を据えようとしたことから起きたことなのです。そして、あまりにも正論で堅苦しかった演説で自分たちのエゴの心が見すかされたように民衆が感じたことであからさまに感情を害されたが故におきた判決でした。しかしながら、本当はアテネ市民は彼を極刑にしたかったわけではなかったのです。実際には弟子達や市民達皆がソクラテスがアテネから逃亡することを望んでいたのです。それゆえ、今で言う監獄の鍵は開けられていたのですから。しかし、彼の正義の心は決してそこから逃げることをよしとしなかったのです。悪法も法なりという名言にもなっています。

法治国家であるアテネにおいて、法を無視することを良しとしなかったという解釈もあります。しかし、私は、彼の「自分が行ったことが自分にはね返ってくる」ということ、魂は決して死なないという真理を知っていたソクラテスがとるべき行為であったと思っています。そして、毒をあおったのです。逆にこのことは後の世に正義の人としてソクラテスが伝わるように作用しています。つまり、後の章で述べますが、十字架に磔になったイエショア・ベン・ジョゼフが、十字架に磔になるという現象があったからこそ後の世に多大な影響を与えているということと同じように、ソクラテスの死刑があったからこそソクラテスの言動が現代の人々に作用しているのです。そして彼らは、それらの現象が起こることを知っていたとしても、逃げずに受け入れたという点も共通点です。

ソクラテスはアクエンアテンの転生でした。いかにもアクエンアテンらしいといえるでしょう。ここでも理想に対して決して曲げないという、ある意味では極端に人の言うことをきかない性格が出ています。そしてチャネラーであったという共通点や容姿は二人ともどちらかといえば醜いという共通点もあります。そして、二人共に真理を追究し、そして世界に光を降ろそうとしていたワンダラーであったということ、そしてしっかりと歴史にその足跡を残し開きはじめた人々を導いていることが最大の共通点でした。現在地球が地球人達にシフトアップを求めている中で、このような歴史におけるワンダラー達の行動を真の意味で理解することは、精神レベルを上げ、魂の進化のために必要です。人が眠りから醒め、目が開いて真理を理解する場面は人ぞれぞれですが、知のレベルからもサポートすることが重要です。ソクラテスには学ぶべき事が非常に多くあります。是非プラトンの著作を読んでいただきたいと思います。

第18章　イエショア・ベン・ジョゼフ（イエス・キリストと呼ばれる人）

さて、ポジティブサイドからのアプローチである、イエショア・ベン・ジョゼフに関する真実を記します。

まず、彼は自身が神の子であると言ったことに関しては、当たり前のことです。なぜならこの世界の創造主の意識が入っていない創造物はないのですから、全ての存在は神の一部なのです。そして、彼は、金星にいた存在であるサナンダの転生でしたので、なおさら宇宙意識を持って生まれたということは事実です。

新約聖書のヨハネの福音書の第8章には、「あなたがたは下から出た者だが、わたしは上からきた者である。あなたがたは、この世の者であるが、わたしはこの世の者ではない」と記されているとおりです。魂レベルでは上の周期から来ている事を当時の人々に伝える為の表現となっています。イエショアも私たちと同じように人（マリア）から生まれてきています。ですから自ら人の子と言っているのです。

現在宇宙の意識を持っている存在達が地球に降りていますが、基本的な宇宙のルールに従って、宇宙の存在や次元が違う存在達も直接的には不干渉ですが、地球人の進化を促すには地球人が気づかないと意味がないため、あえてワンダラーや他のキリストシードと呼ばれる、次世代の地球を担う存在達も地球人として生まれてきています。因みに、マタイの福音書中のゲッセマネの園での記述がある様に、このイエショアとして転生してきたサナンダが、当時の地球方面の母船の艦長でもあったため、彼の指示で12師団（legion）つまり14万4000人(母船の定員です）が動くと言っています。

なお、サナンダはイエショア・ベン・ジョゼフとして転生する前にゾロアスターとして地球に生まれてきています。ゾロアスター教の創始者であり、ニーチェの「ツァラトストラかく語りき」のツァラトストラはゾロアスターのことです。ゾロアスター教では、光と闇の戦いがメインのモチーフです。何度も言うように、オリオン星系における「光と闇の戦い＝オシリスとセトの戦い」のくり返しが現在の地球においても行われていることを知っている存在だからこそ、それを後世に残しているのです。そしてこの二極性の世界における争いの構図を知った上で、それを超えて行くように彼は地球人として転生しその言葉を残したのです。

イエショアはハリウッドの映画では金髪の白人種で描かれることが多いのですが、映画

「THE PASSION OF THE CHRIST」（パッション）に描かれているように、家系的にダビデの直系の子孫であるということは、セム系であり、肌の色は黄色となります。我々日本人と同じような黄色人種です。また、髪も当時はローマの占領下にあったので、短髪が流行しており、彼も当然同じような髪型でありました。また、大工をしていたことからも分かるようにがっちりとした体格でした。ひょろっとした体格で髭を蓄えているイメージがあるようですが、実際には違います。もちろん金星人ですので人によって見え方が違うのは仕方がないことです。

なお、トリノの聖骸布は、放射性炭素14法によって12世紀以降のものであることが立証されています。かの有名な13日の金曜日である1307年10月13日の聖堂騎士団（テンプル騎士団）の首領であるジャック・ド・モレーが逮捕され拷問を受けていますが、彼こそがこの聖骸布の体の主《あるじ》です。今風に言えば、フリーメイソンの首領が不当に処刑されたということなのです。この時にさらに真理が隠されたのですから、教皇庁はとことん真実を隠蔽する体質だったということです。ともかく、イエショアに関しては、後の世に思われているような美男子ではなかったというところでしょう。それに金星人の特徴でもある、人が見たい容姿を投影することになるので、人によって見え方が違っているのも当たり前のことです。

別に外見はどうでもよいことなのですが、初期キリスト教及びヨーロッパにおける白人主導の世界では、自分たちの神を、違う種族の容姿として受け入れ難かったのでしょう。

さて、イエショアが生まれるときに当然サナンダが転生することを知っていた、もしくは知った存在達が存在します。これは、霊的に格が高くなると理解することが可能ですが、宇宙の動きと個人の動きとは連動しているのです。それゆえ、星占い（宇宙のメッセージを汲み取る）もあるのです。

東方の三賢士が訪ねてきたというのは本当のことです。東方とあるように、ペルシャ以東から来た存在であり、母船がベツレヘムまでサポートしているのを知っていました。聖書では母船のことを星と言っていますが、それは流星などではなく、ベツレヘムにおけるイエショアの誕生地上空で留まっていることまで表現しているのですから、自然現象であると解釈する方が無理というものでしょう。しかしながら、当然闇の勢力もこのことを察知していたため、東方の三賢士は、イエショアが闇の勢力によって暗殺される危惧があることを察知し、生まれて間もなく、夫ジョゼフとマリアも含めてエジプトへスカウトシップ（着陸が可能な宇宙機）によって避難させます。この時の闇の勢力は、古代エジプト時代ではアクエンアテンやトート・アンク・アテンを暗殺したセト教団です。この教団をイルミナティと呼ぶ場合もありますし、現在のアメリカ政府はこの教団の影響下にあることはご理解いただけるでしょう。暫くしてから、イエショアはナザレに戻されますが、このことによって両親はイエショアが神の子（宇宙的なシナリオの一環）であることを真に理解することになったのです。

ところで、光と闇、天使と悪魔とは、表裏一体すなわち、神と悪魔は同じ種に属します。この世界での二極性は地球でも存在しますが、個人の中でも存在し、宇宙でも同様です。

私が、神々と呼んでいる宇宙の存在達と同様の能力を持った、悪魔と呼ばれる存在がいるだけです。それもどちらに目を向けるかだけの違いで、神も悪魔もいつでも表裏一体であり、神は悪魔であり悪魔が神でもあるのです。

善と悪が私たちの勝手な思いこみによる差別であるように、神と悪魔の区別も私たちの思いこみなのです。私たちの中に常に二極性があり、その差をつくる基準は常に変動しています。本当の意味でこの差を取ることが差取り＝悟りであることは前に申しあげた通りです。イエショア・ベン・ジョゼフの真実を受け入れることが悟りにつながることもあるでしょう。私たちは物事の見方を通しても悟ることが可能なのです。

イエショア・ベン・ジョゼフは、ユダヤ教の一派であるエッセネ派に属していました。当然この教義に沿った活動を行っていましたが、彼が真に目覚めるには通常の人と同様に、ある一定の期間が必要でした。10代後半から20代にかけての12年間、ナザレからいなくなっていますが、この間にインドからチベット、イギリス、アンデスと渡り、そして最終的に大ピラミッド内でのイニシエーションを経て、40日間のめんけん状態を経過し覚醒します。古代エジプトにおいてアクエンアテンがアイの導きによってピラミッドの地下神殿で覚醒したように、イエショアもヨハネによって導かれたのです。この時には、イエショアもヨハネもエッセネ派のクムラン宗団に属していたようです。死海文書と呼ばれる1947年に発見された文書には、このクムラン宗団の厳格なまでの規律とイエショアの前任者である覚醒者の大師がいたことが明らかにされています。

イエショアに対しては否定的な表現もされています。戒律を重要視することに対してイエショアは否定的だったためですが、真理を知っていれば戒律を守ることを重要視することは意味をなさないということは当たり前のことなのです。ともかく、大ピラミッドの中で、エメラルドタブレットの中に書いてある第2イルミネーションを得たイエショアは、この世界での自分の役割を正確に思い出し行動します。

彼のまわりには、12人の使徒が集いますが、当然ワンダラー達です。特にシモン（ペトロ）は、アクエンアテンの転生ですから、サナンダを受け入れるためにずっと転生し光を降ろしてきていたのです。イエショアを受け入れるための布石だったということです。

アクエンアテンの時に一神教であるアテン教を起こし、真理であるアテン教に目覚めた人々がアメン教に戻れるわけもなく（真理に目覚めた人は決して世俗に戻ることはないのです）、ヘブライ人（イスラエル人）として奴隷階級となっていました。

これがモーゼの出エジプトにつながり、後にユダヤ人と呼ばれることになるのです。そして、このアテン教の神官達の末裔がユダヤ教をにない、イエショア・ベン・ジョゼフを受け入れる下地を作っていたのです。ただ、シモンはここでも彼の性格が災いして、イエショアを3度裏切るというあの有名な行為になっているのです。

イエショアの妻はマグダラのマリアと言われ、使徒達はマリアムネと呼んでいました。マリアと呼ぶとイエショアの母と紛らわしいためです。マグダラのマリアはエジプトのイシス教団の一員であり、それは蛇の腕輪をしていたということからも明らかです。

イエショアの母であるマリアもイシス教団の一員であったことは後に証明されることでしょう。それ故に、ベツレヘムで生まれてすぐに宇宙機によって家族ごとエジプトに避難することができたのです。エジプトに逃れイシス教団に守られていたのです。

マグダラのマリアはイエショアとの間に娘もいました。イエショアが地球を去った後に生まれています。ダ・ヴィンチ・コードにも出てくるように、マグダラのマリアは娘のサラをつれてエルサレムから脱出し、最終的にはスコットランドに落ち着いています。

なお、マグダラのマリアは1945年に発見されたナグ・ハマディ文書におけるトマスによる福音書ではマリハムと表現されています。当時は婚姻届のような制度がなく、誰が夫婦なのかを把握するのは難しかったので、これを逆に利用して後の世に事実を改ざんしたのです。なお、マリアムネは今で言うところのチャネラーであったので、イエショアがいつも一緒にいたがったのは当然です。

いくら神の子と呼ばれても、いつも神々とつながっているわけでもなく、肉体を持っているのですから体調や感情面でも波はあったのです。そして自分が落ち込んでいるような場合に、マリアムネの口を通じて神々からメッセージを聞くことも多々あったのです。

ワンダラー達を日本語ではオイカイワタチと言ったりしますし、象徴的に〝りんご〟と言ったりしますが、こうして必ず何人かが集まって世界を成長させる行動を起こしていきます。そのようなワンダラー達のことを私は、宇宙の煙突掃除係といっています。そのワンダラー達の行動に対して反発しているセト教団は、常に暗躍しています。初期キリスト教はパウロが興していますが、それについては、基本的に彼自身が気づいて行っていたかどうかはわかりませんが、彼自身が見たいように見た部分もあり、かなり情報を歪めた存在とも言えると思います。

シモン（ペトロ）は、後に殉教していますが、妻のコンコルディアと共に、現在のバチカンの地で逆さ磔になっています。そして、イエショアの「あなたの上に教会が建てられるであろう。それゆえにあなたをペトロ（岩）と呼ぶことにしよう」という予言通りに、現在ペトロの墓（岩）の上にバチカンのサンピエトロ寺院が建っています。サンピエトロとは、聖ペトロという意味です。皮肉にも、殺害された当人が第一代の教皇とされているのですから、カトリック教会はかなり凄い（深い意味で）ですね。

なぜこのような予言や預言がされるのかというと、本来人の魂の存在している上位次元では、3次元と時間の概念と感覚が違うためです。この上位次元にアクセスして情報を落としているのが予言者や預言者ということなのです。

イエショアは、また、磔になった時に有名な言葉を残しています。「エリ・エリ・ラマ・サバクタニ」と言われていますが、真実は「エロイ・エロイ・ラマ・ズバクタニ」で、この意味は世間一般では「神よ、どうして私をお見捨てになったのですか」と訳されているようですが、実際には宇宙意識にあった存在はそんなことは言いません。なぜならば、肉体の死は魂の死を意味しないことを知っているからです。実際には太陽言語であり、「父よ私の霊をあなたの手に委ねます。私は全ての役割を終えました」という意味です。それなのに、人間的な一面を表していると解釈されていますが、実際には全然違うということを知るべきでしょう。

他にも、イエショアの言葉は当時の人々の意識レベルに合わせて比喩を多く使っています（というか比喩しかないといっても良いと思います）が、これは、エッセネ派のクムラン集団の特徴でもあります。使徒達には真実を明らかにしていましたが、一般の人々にまともに真実を話したのではちんぷんかんぷんどころか気違い扱いされるのがおちでしょう。当然の役割として、真理を悟っていないと言えない言葉を多く残しています。彼が逮捕されるときの言葉「剣をとるものは、みな、剣で滅びる」とは、争いの循環である現在の世界も全く同じです。

ロンギヌスの槍で突かれた時の言葉「あなたは、自分のしていることが分からないのです」これらは、この世界が自分がすることが自分に戻ってくるという根本的な原理を知っているからこそ出る言葉なのです。

世界の人々は、まるでこの根本原理を知りながら無視して、死んだようになっている人が多くいます。また、彼は、この世の終わりに死人が蘇ると言っています。これを額面通りに受けとったデーモンズという映画（額面通りに受け取ることをパロディ化しているようにも感じました。それにしてもデーモンズというのもデーモニウムから来ている言葉ですから象徴的です）もありましたが、この言葉も比喩《ひゆ》です。私たちが真理に目覚めることを比喩として言っているのです。私たちの魂が決して死なないことと、この世界の原理である「すべては自分の投影である（鏡の法則・作用反作用の法則）」ということを理解した状態が天国（神の国）になることであり、死んだ状態から再び蘇ることを伝えているのです。リメンバー（re-member 再びメンバーに戻る）ですから、蘇るのです。因みに蘇りは、黄泉《よみ》の国から帰ることで黄泉帰りのことでもあります。黄泉の国に行ったことがないと理解できないかもしれませんが、臨死体験をした人は大抵がらっと変わってしまうのは、その時この世界の真実を〝知って〟しまうからなのです。

新約聖書ではかなり後になって改ざんされた記述が多く見られます。この世界ではまだまだ権力構造の強化と、不安や恐怖による洗脳を指向しているものが大手を振っています。私はこの全ての洗脳から目覚めることを願ってここに書いていますが、これも極端な場合、抹殺されることもあり得ます。

私たちは常に自分たちの想念でエネルギーフィールドを作っているのですが、ネガティブを指向している（ネガティブによるエネルギーを好んでいる）勢力があるのです。この勢力を闇の勢力と言いますが、もともとポジティブを指向する世界でも良いのです。不安や恐怖とは自分が作り出しているのですから、反対に、常にポジティブでいることは可能なのです。そして、私はイエショアのことをポジティブ大魔王という形容をすることが多いです。彼は、「信念は山をも動かす」と言いましたが、この3次元では、コーザル体（信念）〉エーテル体（意識）〉肉体（思考）という順にエネルギーレベルが存在します。そして、この信念・意識・思考が現象化するのです。それも、信念の強さに応じて現象化するのです。それをイエショアは言っていたのです。これこそが魔法であり錬金術でもあるのです。

イエショアは自分の存在そのものから発生しているエネルギーフィールドによって人を癒す

ことが出来ましたが、これも彼の魂レベル（振動数）が非常に高かったということを示しています。ポジティブはエネルギーが高い状態を作り出し、ネガティブはエネルギーが低い状態を作り出します。そして精神的エネルギーが低い場合にチャクラを通して肉体レベルに降りた時に病気となるのです。このようなエネルギーの作用を知ることも現在の地球においてはとても重要なことなのです。そして、全てのエネルギーの法則を理解した後に宇宙意識へと上がっていくのです。

次に、祈りということもポジティブなエネルギーフィールドを創り出す行為であることがわかります。この祈りも一人よりも二人、更に人が増えれば増えるほどそのエネルギーフィールドが大きくなり現実化を加速することが分かります。想念のエネルギーが現実化するわけですから、それがより大きくなればそれだけ現実化が早く大きいのです。キリスト教もイスラム教も、集団で祈る行為をするのはこの原理に基づいているのです。

人々が集まる場所など、例えばコンサートや集会などでエネルギーフィールドが非常に高まっているケースを体験したことがあるでしょう。そしてそこにいる人々が同じ方向へエネルギーを合わせている場合は、人々の中に変化をもたらすことも多々あります。これは一種の瞑想状態でもあるのです。ともかく、このような想念のエネルギーを理解していけば私たちはポジティブなエネルギーによって現在の地球の不具合の修正や、人々のネガティブな洗脳からの解放と真の目覚めへ向かっていくことが可能となることでしょう。

イエショアが言った言葉の中で、私が最も好きな言葉があります。「与えよ、さらば与えられん」です。この言葉が、この世界の真実を本当の意味で表しています。現在の地球では私たちは、自分が行ったことが自分にはね返ってきているに過ぎないことを真に理解していないようです。これは、原因から結果までの時間があまりにも長すぎたために理解しづらくなっているのです。実は物理法則の作用・反作用と同じ現象ですが、オンタイムな現象ではなく、自分が作用させた後、時間があり、別な形をとっていても中身はほぼ同じ事がはね返ってきています。エネルギー的には同じものが返ってきています。実際にはどれだけの思い入れをもって（エネルギーを傾けるか）行った事かが重要で、その同じような大きさのエネルギーとしてはね返ってくるということなのです。それがこの世界の原理なのです。そして、ネガティブもポジティブも同じようにはね返ってくるのです。これを日本では鏡の法則と言ったりしますが、物理学的には作用・反作用の法則、エネルギー保存の法則と言っているのです。つまり、自分がしたことがはね返ってくるのです。このことを真に理解したら自分がどう行動するかは明らかです。

現在、この原因と結果の法則における〝間の時間〟がどんどん短くなっています。イエショアが言った「与えよさらば、与えられん」という意味を真に理解するタイミングが間近に来ています。

現在の地球環境や私たちを取り巻いている社会は、私たちが思考した世界なのです。そしてこれらは、全て私たちが招いたことなのです。私たちは真にこの世界の真実を知るべきタイミングに来ています。自分だけが良ければよい、今だけが良ければよい、うわべを繕えばよい、本音は分からない、これらの考えは全て覆されます。地球は既にこの二極性での学びを提供する振動数にはありません。そのことを理解するような出来事は毎日にように起こっているのですが、気づかないでしょうか？

イエショアは、磔刑になることを知っていたのですが、それを承知で捕まっています。それが上の次元でプロットされたシナリオであり、後の世に彼の言葉が伝わっていくために必要な過程であることを知っていたからです。いくら魂は死なないということを理解していたとしても、肉体が滅ぼされることを知りながらそれを受け入れることがいかに大変なことかは想像に難くないでしょう。普通の人では受け入れることが出来ないほどの過酷な試練です。しかし、彼はそれを受け入れたのです。この事実を知ればやはり彼は神の子であることが解るでしょう。

もちろん、息を引き取り墓に納められた死体を復活させたのは金星人達によるサポートであり、肉体を蘇らせた後に肉体を持ったままアセンドします。仏教用語でいえば涅槃に入ったのです。涅槃に入るとは肉体を持ったまま上の密度に行くことです。

キリスト教的に言えばラプチャー（空中携挙）と言うことになります。この言葉の違いも面白いですが、自発的なのか他力的なのかの違いが言葉の違いにも表れています。そこにもセト教団の息がかかっていることが理解できるでしょう。

イスカリオテのユダの福音書が発見されています。そこでは、ユダは魂が死なないことを理解しており、他の使徒達よりも真理を認識していたようです。グノーシス主義の影響があるため、一概にユダの本音が書かれているとは言い切れませんが、私はかなり真実に近いと思います。彼はイエショアを裏切ったわけではなく、宇宙の真理を理解してそれを実践するための行動をしたということ、すなわち全てを理解した上でイエショアを引き渡したということになっています。どの面から見るかで同じ現象も違って見える典型的な例でしょう。宇宙の真理を伝えるためには必要な過程だったということであり、この世界では全てが必要な過程であるという私の持論にも一致します。意識のレベルは様々であり、それが地球ではかなりの幅があることに異論がある人はいないでしょう。イスカリオテのユダにしか出来なかったことだったように思います。

この後、キリスト教としてイエショア・ベン・ジョゼフの教えは広まりますが、偶像崇拝を禁止していますし、清貧をよしとし他力本願を促すような内容がないにもかかわらず、現実にはカトリック教会は教えとは反対のようになっています。それは、アクエンアテンの時にもそうでしたが、セト教団(アメン教)の情報操作がそこに入っているのです。ですから、〝アーメン〟と唱えるのです。人々を洗脳するには99%の真実に1%の虚偽を混ぜることが常套手段だからです。そして、真実を見抜く目を持った人はこの1%を見抜くことが出来るのです。

この章の最後に、イエショアの言葉を記します。「隠れているものもので露わにならないものはなく、秘められたもので公にならないものはない。わたしが暗闇であなたがたに言うことを、明るみで言いなさい。耳打ちされたことを、屋根の上で言い広めなさい」

第18章　イエショア・ベン・ジョゼフ（イエス・キリストと呼ばれる人）

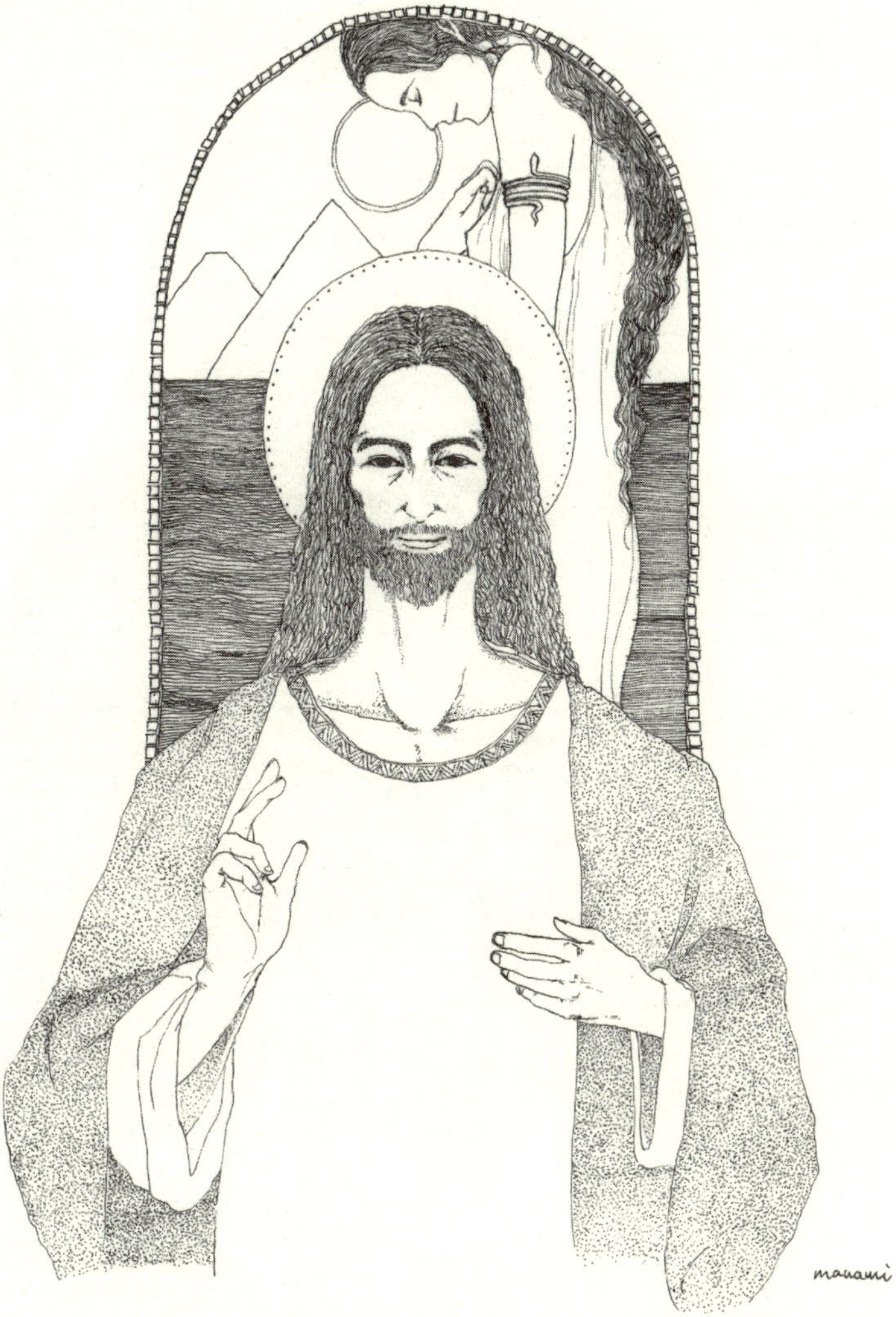

第19章　この世界における聖者

イエショア・ベン・ジョゼフもゴータマ・シッダールタ（仏陀）にしても、この世界で聖者と言われる人々は実際のこの世界の価値観から見たら「人非人」と呼ばれてもおかしくない人が多くいます。これは、世間一般の価値観を超えた存在であり、彼らの信念が通俗的なものとかけ離れているからです。別に人非人が聖者だと言っているわけではなく、聖者が人非人のケースが多いと言っているのです。なぜこのようなことが起こるのでしょう。それは、聖者と呼ばれる人々の価値観が3次元を超越しているからです。言うなれば、この3次元で通用している善悪の基準が適用できないのです。

私たち人類は、この世界では今回の生が全てであり、自分が行ったことが自分に戻ってくるとは考えていないのです。結局死生観の違いが最も多くの判断基準になり、さらに、今という時間の概念を誤って捉えていることから起こる錯覚の中で学んでいる存在と言えるのです。そしてこの、時間という錯覚が作り出す現象の中で真理を学んでいる最中なのです。この錯覚から目覚めた人が、聖者とか覚醒者と呼ばれる存在なのです。さらに、この幻想的錯覚から醒め、エネルギーの法則を理解したときに、聖人や仙人と呼ばれることになります。全ては意識のなせる技であり、意識を完全にコントロール出来たときに聖人や仙人となれるわけです。そして、そのレベルに自分の振動数を上げることのできたときに宇宙の意識との交流が始まります。

では、聖者と呼ばれる特別な人だけが宇宙意識を持っているのでしょうか？　答えはＮＯです。全ての魂は、いつ宇宙意識を獲得するか分からないものです。知識が豊富だからなるわけでも、大人だからなるわけでも、こどもだからなるわけでも、体が健康だからなるわけでもないのです。それは人々の魂次第です。

私たちが聖者が特別だと偶像崇拝を繰り返した歴史があります。先達として彼らが素晴らしいのは間違いはないでしょう。しかし、本当に私たちは彼らからかけ離れて劣っているのでしょうか？　もう私たちは自立すべきだけの経験と自信を持っているはずです。そんなことはないと感じるのは、そのように教え込まれているに過ぎないのです。

私たちは既に過去世も含めて様々な体験をしてきました。そして、私たち自身が聖者と呼ばれる存在となんら変わらないだけの意識を持っているのです。今こそ、自分に素直になり、この、偽りによって洗脳されている世界を変革することを選択すべき時になったのです。何が真実で、何が真理で、何が魂の成長に必要なことなのかを理解して欲しいと思います。もはや過去の価値観で選択をすることを地球は望んでいません。価値観とは私達の意識の状態に伴って変化するものであり、現在の地球は、私たちが自立したレベルでの価値観の上に立った選択をすることを望んでいるのです。もうここらで、依存からの脱却をしましょう。どんなに苦しいことが待っていようとも、決して命が取られることなどないのです。どんなに苦しいときが訪れようとも、必ず真理は私たちに微笑むのです。真理を悟った人は決して後戻りしない理由がここにあります。真理の中にいて、真理を体現することを恐れてはなりません。まあ、真理を知った人は恐れるものなど何もないですが……。

それから、これがとても大事なことですが、私たちは常に理想型のようなものを頭に描いていることがありますが、既存の価値観から解き放たれると、全てが良くなるのです。つまり、私たちはこれは正しい、これは間違いとどこかで区別をつけます。これは美しい、これは醜い、これは大きくこれは小さい、あの人はかっこよくてこの人はぶさいく、等々。結局はいつまでも二極性の世界での価値観に縛られているのですが、差がとれるとはこの区別がなくなることであり、この二極性の判断をしなくなることでもあります。単純に言うと、既存の価値観から解き放たれるということは、理想型のような偶像崇拝をしていることに自分で気づき、それを俯瞰でみるようになることによってその自分の価値観に依存しなくなる状態ということなのです。

しかし過去の経験がその人を作っているわけですから、二極性の基準に基づいて感情が発生します。そしてこの感情を捨てることを意図しているわけではないのです。自分に起こっている思考や感情を受け入れ、そして、そう思っているそう感じている自分を観ることが大事なのです。これが出来るようになれば、自分の肉体が3次元での経験を謳歌しながら、自分の本体である心や魂は上の次元でさらに進化する事が出来るのです。これが出来るようになってきたときに真の意味で、現在の幼児的アイデンティティーから脱却し、新たな価値観を基準とした地球が生まれることになっていくのです。

第20章　預言者

いつの世にも預言者や予言者が存在していますが、預言者は、通常は神の言葉を伝える人であり、予言者は未来を予言する人を指します。預言者は、旧約聖書の時代のエゼキエルやダニエルなど、ゾロアスター教の創始者のゾロアスターやイスラム教のマホメットなどです。

歴史上に名前が残っていない預言者も数多く存在しますし、ギリシャではデルフォイの神託も有名でした。デルフォイは現在の日本で言えば恐山のいたこみたいな感じでしょうか。

トランス状態に入って神々や宇宙人達を降ろすというフルトランスチャネルが多かったようです。最近では意識のスイッチが入れば誰でもチャネリングは出来るようになっているのですが、結局自分の意識レベルに応じたところへアクセスすることになります。

自分よりもかなり上位レベルにアクセスすると何を言っているのか理解できないのと、勝手に解釈して違った受け取り方をすることにつながりかねません。最近出版されているチャネリング本の中にも、自らの意識レベルが低いために操作されてしまっているようなケースをよく見かけます。特に預言と予言が入り交じっているような場合にはそのことが非常に多いようです。

宇宙は意識が投影されていて、切っても切り離せないために、意識（集合）の状態によっては本来の指向している進行が早まったり遅くなったりすることが多く、いつの時点で起こるかを特定することは非常に難しいのです。

現在の状況から今の人々の集合意識が変化しない場合に、このようなことが起こる確率が非常に高いという予言はありですが、そうではなくて、時期に関して明確に言っている場合は、地球人の意識レベルを操作している存在達にアクセスしていると思った方が間違いがありません。そして、このような本や情報はエネルギーレベルが低く振動数が荒いのですぐに見分けることが可能です。因みに、私が受けている情報では、現在の地球の進行に関しては準備がなかなか出来ないため、当初のシナリオから10年ほど遅れているそうです。それから、２０１２年の話にしても私は何も起きないと思います。

物理学的に言ってもフォトンベルトなどは存在しませんし、人々の意識が、見たい物を創り出すだけのことなので、他力本願のような事を言っている話は信用しない方が良いでしょう。みんなで集団幻想的に創り出して、さも依存や不安・恐怖を煽るようなものはネガティブ勢力であることは、これまでの話の筋からもご理解いただけると思います。

マホメットに関して言えば、彼はエル・レース（エルの種族・太陽族）のガブリエルからメッセージを受けています。一方、イエショアの両親のマリアやジョセフ（ヨセフ）もガブリエルからメッセージを受けています。そして、イスラム教の教典は旧約聖書です。つまり、キリスト教とイスラム教は実際には同じ教典を持っているわけです。有名な「目には目を、歯には歯を」という表現も、目によい物を頂いたら目によい物を返しなさい、歯によい物（食べ物）を頂いたら歯によい物（食べ物）を返しなさい、ということであり、まさしく、「与えよ、さらば与えられん」と同じ事を言っているのです。実は違いがあるように思えるのは、解釈の違いに過ぎないことがほとんどなのです。現在の地球における宗教はほとんどが大元は同じであり宗派程度の違いしかないように思います。現在のこの2大宗教の争いは、まさしく〝私が正しく、あなたは間違っている〟という二極性から発生しているに過ぎません。結局、兄弟争い（カインとアベル）だということなのです。この世界の全ての人は兄弟であることを理解したら、私たちは地球上から争いをなくす事が出来るでしょう。

終末予言と言われたノストラダムスの予言に関しては、まさしく予言通りになっていると思います。「1999、7の月恐怖の大王が降ってくる。アンゴルモアの大王を蘇らせるために、その前後マルスが恐怖の名の下に支配するだろう」という諸世紀に書かれた予言です。実際に

1999年の7月は太陽暦では8月になりますが、ここで惑星がグランドクロスという配列になり、当然その磁場は太陽系に影響を与えます。

アンゴルモアの大王とは、まさしくアル・ゴア氏を指し、彼は不都合な真実などの著作や映画、講演などで恐怖をまいています。原子力発電は、ネガティブエネルギーを発するので基本的に駄目ということで原子力発電は解決策になりません。そして、恐怖＝terror＝テロの名の下にマルス＝戦争が世界を支配しています。ということで、この予言はまさしく成就しています。1999年に世界が終わってしまうように解釈すべきところはありません。大体その前後に支配するだろうと言っているのですから。この誤った解釈それこそ、ネガティブ勢力であるイルミナティの意識階層が生み出したセト教団による情報発信だったということがおわかり頂けるでしょう。

全ては人々の気づきにかかっていて、人々が自ら変わることを宇宙の存在達は待っているのです。そして、自ら変わることを指向し、全てを思い出したとき、再びメンバーに戻る（re-member）のです。魂には死というものがないので、肉体的に色々あったとしても魂の進化のために現象が起こっているのに過ぎず、魂が進化しない場合には、何度も進化させるような現象が生死を超えて起こり続けるだけなのです。ですから、他人のせいにしたり、自分以外の物に原因を転嫁している限り、何度でも形を変えながら永遠につらい現象が起こり続けます。

自ら気づいて自ら変化を志す以外は、この泥沼から抜け出すことは出来ないのです。ですから他力本願的な考えや、依存や執着をベースにした考えには左右されるべきではないでしょう。そして、この、今の時期は地球にとって、また太陽系にとって、そして銀河系にとっての極めて画期的な時期です。このあり得ないほど強い洗脳から目覚め、既存のシステムを〝目覚めたシステム〟に変えるという、不可能とも思えるぐらいの一大転換点に私たちは存在しています。オリオン星系で起きた現象と同じ現象を地球上で再び体験する事が出来るのです。既存の体系を変えることが出来ないという束縛からどうぞ解き放たれてください。

第21章　空　海

ここで、私が、以前鞍馬山に呼ばれて行った後、「東寺へ行け」というメッセージを受け取り、実際に翌日東寺に行ったときに知ったことがあります。

東寺は空海が建てた寺ですが、そこは、四国の88カ所の巡礼へとつながる起点としての意味を持っているようです。私が受け取ったメッセージによると、空海はひたすら真理を追究しようとして修業を行い、ある時に開く（悟る）のですが、そこでアカシックレコードにつながり情報をキャッチしていたようです。アカシックレコードにつながる方法は、虚空蔵求聞持法といいますが、これは結局のところ錬金術などと同じで、真理（悟り）を求めアカシック・レコードにアクセスする方法です。虚空蔵とは字のごとく虚空が次元が違う空を指し、その蔵である人々の記憶や感情などが入っている場所のことで、英語で言えばアカシック・レコードその集積がアカーシャということです。それを求めて、聞いて持つ方法ということですから、非常にわかりやすいネーミングですね。

そこで、レムリアからナーカル族がオシリス教の教典を持ち出し、オシリス教に従って邪馬台国を四国で展開していたということ、ここから文明が日本から大陸へと伝わったことなどを空海も知ったのです。

その後、聖徳太子などによって真実が歪められてきていることから、真実を守るために彼は四国を封印するわけですが、その前にオシリス教の教えを受け取りに唐に行きます。

彼は、当然上の次元からの導きによってその役目を行っているのですが、レムリア大陸が沈んだ後、この世界の真理に基づいたオシリス教は、ナーカル族によって現在のミャンマーあたりから上陸します。第5文明の末裔達（インド洋にあったムー文明のことです）との衝突を避けるため、ヒマラヤからチベットへと渡っていくのですが、それを西遊記で有名な玄奘三蔵が長安から取りに行きます。最近でも西遊記が盛んにテレビなどで取り上げられているところをみれば、真実が明らかにされるタイミングが近づいていることが考えられます。全ては必要なタイミングで必要なことが起こっているのですから。

そして長安でその教えは恵果から空海に引き渡され本来のレムリア人の末裔である日本に戻ってくるのです。引き渡した時に、一子相伝であったその教えを弟子が千人もいたにもかかわらず、異国から来た空海につないでいることから、つなぎ役の恵果も上の次元のメッセージを受け取っていたことが解るでしょう。そして、空海は半年ほどでその教えを学び終え、恵果はその直後息を引き取ります。空海がその喪主をしているのですからこのシナリオの凄さにはびっくりしてしまいます。そして、空海は日本に戻って全ての真実が明らかにされる時を待つためにめに四国の土地を封印したのです。四国は剣山を中心としたレムリアの流れを汲む邪馬台国があった場所だからです。

封印というのは、神社や寺を建てればそのエリアは開発を免れるので、記憶やエネルギー（振動数）を保つことが出来るのです。そしてそこを巡礼して回ることでこの真実に基づいたエネルギーに触れ、それがきっかけとなって悟ることにつながっていくのです。

文書などがなければ記録が残らないように思っている人が多いと思いますが、実際には記憶や記録はアカシックレコードに残ります。アカシックレコードとは私たちの本体がある上の密度に存在しています。3次元的（肉体的）な執着や依存から脱却するとアクセスできるようになっているのです。

そして、空海は必要なときに備えて東寺や色々なところにサインを残しているのです。たとえば私が鞍馬から東寺へ、その後大和三山、葦嶽山、足摺岬と導かれるように行っていることも、こうしたことは全て導かれているのです。因みに、大和三山に行ったのは9月11日でした。ひたすら歩いたので911のネガティブ想念に捕らわれる事を避けるようにその日が選ばれていました。また、畝傍山から香具山、耳成山に行く前にどういうわけか道に迷って（というか導かれて）、久米仙人で有名な久米寺に行かされています。そして、この久米寺と空海が非常に密接な関係であったことも後に知ることになります。

７９６年弘法大師である空海が23歳の時、夢のお告げで大毘盧遮那経《だいびろしゃなきょう》を知り、経を探して旅をし、久米寺の東塔にて発見したということです。そして８０７年に唐より帰国した空海が真言宗を立教・開宗、久米寺にて大日経を初めて説いたということだそうです。私はエネルギー的に久米寺に導かれたと思っていますし、全ては本当に完璧だと思います。尚、この時に畝傍山の麓にある神武天皇陵（ここにあるとは事前には知りもしませんでした）で神武や天の岩戸に関するヴィジョンを見て色々なことを知ったのでした。神武がイナンナの部下のインダス系の黒色の肌をしていたこと、神武天皇陵の建物も見ました。天の岩戸に関しては、「ええじゃないか」の現象と同じように同時多発で同じ現象が日本中で起こったことも知りました。つまり、天の岩戸神社は日本中にありますが、それは全て同様のことが起こったからであり、どれもが本物なのです。

空海が、上の次元における壮大なプロジェクトを実行したこと、常に上位次元に護られていたことは彼の信念の強さからうかがい知ることが出来ます。そして、彼があの時代に生まれていたことも全てが必然です。そして、彼の残した密教の名が真言宗であることも理由があるのです。

第22章　聖徳太子

前章でも少し触れましたが、聖徳太子の真実を記そうと思います。彼は当時の中国から統治者として派遣されたチャネラーです。現在ではチャネラー達が政《まつりごと》を仕切るということはありませんが、当時はとても多かったのです。

現在では憲法でも政教分離をうたっていますが、人々を教化することは人々の意識も洗脳することにつながるために、宗教と政治は切り離せない状態でした。

宗教の起こりはたいていの場合、神の啓示などチャネラーによる場合が多く、神の声を聞くことができるということは、とりもなおさず人々の上に立つことにつながっていたわけです。

キリスト教社会でもモーゼはその典型的な例ですし、旧約聖書におけるダニエルやエゼキエル、エズラなどは皆神々と対話したり謎解きをしたりができた人々です。もちろん、自分の意識レベルに応じた情報しか取れないのですから、彼らの意識レベルが高かったのは言うまでもありませんが、いずれにしても神の声が聞けるというのは特別扱いされていたということなのです。そして、聖徳太子も同様、チャネラーであったために、一度に10人の声を聴けたという伝説が残っているのです。これはチャネラーであれば、その人に必要な情報を上位次元化のメッセージとして伝達するだけですから、ごく当然のことです。

さて、聖徳太子はそれ以前の日本における価値観を転覆させることを目的として派遣されています。従って、まずは人々の信念の体系を変化させること、つまり日本における歴史と宗教を一変させることを重要視し行ったわけです。ですから、それ以前の歴史がほとんど解らなくなり、仏教を取り入れて神道や日本古来の価値観を殺すわけではなく封じ込めたのです。

歴史における革新者の常套手段として、完全に全てをひっくり返すのではなく、既存のものも取り入れながらの変革が、自分の身も安泰にさせることを十分に知っていたのです。

当時大麻草はそこら中に生えていましたが、それを寺社で管理させたのもそれ故です。大麻が現在の日本で禁止されているのは、人々がそれによって覚醒すると既存の権力構造が覆されるおそれがあることが最も大きな理由です。

枕草子でも他の古典でもあるように、病気になったりしたとき、もののけを払うのに当時は大麻を焚いてパーティーを行うのが当たり前でした（高校生の時に古典の教科書ではかなり苦しい解釈をしていたのを思い出します）が、それも寺社で管轄をしたのです。

価値観を変化させるための施策として人々の行動の規範であるものも戒律として定め、それは憲法17条という形になっているのです。本来、人心が安定していればこのような施策は必要がないのですから、このようなことが伝わっていること自体、このころは人心が乱れていたのだと思います。実際には、典型的イルミナティであるセト教団だったということです。それ故にその影響力は、紙幣にも肖像画が使われるなど裏の権力がとても強力だったのです。

聖徳太子が隠蔽した内容に関しては、レムリアから伝わる歴史と、邪馬台国の存在及び場所、神道を封じ込めて仏教によって意識操作をすることなどです。中国が行いたかったのは、実際の歴史的な経緯を歪めることで意識レベルを操作をすることにより、日本を洗脳することでした。現在中国4000年の歴史と言われ中国から日本に文明が伝わったかのようにされていますが、実際には全然違うのです。日本では、このように中国からの干渉もありましたし、イスラエルの失われた10氏族の人々が来ていたりと、色々な種が入っています。大体ユダヤ人は鼻が大きかったことと、言葉の問題で山に隠れていたりしたのが天狗伝説になり、隔離された島に住んでいたりしたことから鬼伝説になったりしています。

現在の教科書では聖徳太子という記述はなくなって、厩戸《うまや》皇子だそうですね。また、聖徳太子はいなかったという説も出ているようです。現在では史実といわれるものがどんどん書き換えられています。これは、史実といわれるものがどのようにして後世に伝わっているかを考えれば当然のことでしょう。例えば、今までは日本書紀が正統とされるとしていたものがとても怪しい記述が多いのに気づきます。実際の日本書紀自体、当時はほとんど人目に触れるはずもなく、皇室に眠っており、一部の許可を得た人（当然のごとく反旗を翻すはずもなく）が写本をしたようです。現在と違って印刷技術がなかった時代ですから当然なのですが、逆にこのことによって、いかようにも史実をねじ曲げることも出来たわけです。天武天皇はクーデターであったこともわかっているのですから、当然のごとく自分を正当化するために史実をねじ曲げます。当時は家柄や継承権がものを言った時代で、権力が絶対の時代ですから。世の東西を問わず、昔も今も権力に対する執着は大きいものがありますし、陰謀にたけた人々が多くいるのです。自分がその立場だったらどうするかを考えれば情報操作をするのはごくごく当たり前のことでしょう。現在の私達は、昔の人々は純粋で嘘をつかず知識も少なかったように錯覚しているので、このような間違った歴史観を持っていると思います。いつの世も人は人であり、昔の人々も現在の私達と何ら変わらないのです。逆に、第6文明の人々に比べれば、現在の人類は科学における知識や意識が現象に及ぼす事の知識や知恵が劣っていると言えます。私達は謙虚にならなくてはいけないのと、自分たちの先入観によってもの（歴史も）を見ていること、〃無知の知〃を知るべきです。

聖徳太子という存在によって、日本の古代の真実は隠蔽されましたが、それを知っていた空海は時期が来ると封印が解けるようにしていましたし、必ず明るみに出されるのです。

第23章　魔女狩り

暗黒の時代とされる中世において、その最たるものが「魔女狩り」と呼ばれた、人が人を処刑することであったように思います。魔女と呼ばれた人々の中には、現在で言えばチャネラーやヒーラー達がいたのですが、この精霊の声を聞くことができたりヒーリング能力があること、真実を見通す目を持っているということが迫害の原因でした。なぜならば、これらの能力を持っていることによって権力を握っていた人々の偽りが暴かれたり、教会の専売特許である〝神の声を聞く〟ということが特別であると思いこませたかったからに他ありません。

魔女とされた人々は、当時の聖職者達の腐敗に対して立ち上がった人々が大半で、その根本は、社会的な不正に対しての反発だったと考えられます。もちろんインモラル的な魔女とされた人々もいたことでしょう。しかしながら、権力側の狂信的で残虐な行為には目を覆うものがあります。

現在の社会も似たようなものですが、いつの世も、権力構造による意識操作は常になされています。しかしながら、自分が行うことの結果を、全て自分で受けることを知っているキリスト教社会においてこの事がなされたということがそもそもこの世界が二極性の学びの場であるとも言えるのです。それにしても本当に暗黒の時代としか言いようがなく、人が人を火あぶりで処刑するという事も含め、かなり残酷でむごい処刑を行っていたのです。

人類の振動数がとてつもなく低くネガティブになっていた象徴的な出来事だったのです。人が人を裁くことがどういうことなのか、何を基準に裁くのか、この出来事は私達に〝人間とはどういう存在なのか〟を考えさせます。ポジティブとネガティブの間を繰り返す波において、この時期はネガティブ振動数が増大していた時期と言えるでしょう。

13世紀初頭には、ローマ法王イノケンティウス3世が行った「アルビ十字軍」によってアルビ派の掃討作戦が行われました。アルビ派とは、ローマ教会の教義典礼を否定し、神の教会は建物の中にはないとしてカトリック教会と対立していたのでした。この十字軍の特権として、異端者の領地と財産は、その討伐者のものになるとしたのです。異端者の、魔女裁判（異端審問制）においての有名な言葉を記しておきます。忠実な信徒と異端者を見分けるには、どうしたらいいのかとの騎士の質問に対して、僧院長アルノーは、「みんな殺せ。その判別はあの世で神様がなしたもうであろう」と言ったそうです。集団で狂うと人はこのようになるのです。

典型的な魔女狩りとして、私はジャンヌ・ダルクを思い浮かべます。最初は神の声を聞いて勝ち戦に人々を導いたということで英雄視されます。しかし、最後は魔女として火あぶりの刑に処せられるのです。結局自分に都合良いときに利用し、本質的なことを言い出したら殺《あや》めてしまうのです。

権力がどのように一般の民衆を操作しているかもここからうかがい知ることが出来ます。しかし、殺される当事者にとってはたまったものではありません。

既存の勢力にとって、真実を暴いたり自分の既得権益を脅かすものが出てきた場合にそれを抹殺しようという動きは、この時代だけのものではありません。出る杭は打たれるということわざがあるように既存の価値観から逸脱したものは叩かれます。しかし、それにもめげずに貫き通す意志を持った魂が、宿命としての役割を果たして後世に名を残すのです。

魔女狩りと同じようなものは、この本に書いてあるアクエンアテンもソクラテスもイエショア・ベン・ジョゼフも同様です。結局いつの世も、真理を明かされると困る勢力が存在しているのです。そしてその勢力は一般の民衆でもあることに気づくでしょう。結局、情報操作によって洗脳されてしまっているのですから。

第24章　フリーメーソン

フリーメーソンというと、秘密結社とか闇の組織のようなイメージを持つ人が多いようです。これは、フリーメーソンのことを聞きかじっただけで判断していることによるものと思います。それこそ〝無知の知〟を知らないことによる情報操作によるものと言えましょう。私がよく使うセト教団やイルミナティという言葉とも勘違いされていることも多いようです。そんなわけで、私が知っているフリーメーソンを表すことで見えてくるものがあると思うのでここに記します。

まず、フリーメーソンは目にしたことがある方も多いと思いますが、定規とコンパスがそのシンボルマークです。エルサレムのダビデの時代に、ツロ（フェニキア）にいたヒラム・アビフが始祖となります。エジプトの秘儀参入者達や、シュメールにおける神々の遺伝子を受け継ぐ人々は、第6文明のアトランティスの知識や秘儀を、秘儀参入者達へと伝えています。

アトランティスにおけるエーテル層をコントロールし、静電場と重力場を互換したりするテクノロジーは第6文明では当然でしたが、現在の第7文明においては隠匿されたままになっています。

ヒラム・アビフは特殊なテクノロジー（シャミル石と呼ばれている石であり、これを使うことでソロモン王の神殿は音を立てずに建てられたと伝えられています）を使った建築の技術を受け継いだ石工の首領ということです。

石を使った建築物といえば、誰しもがピラミッドを思い浮かべることでしょう。その通り、ピラミッドの建築技術に関する技術がその中心となっているのです。ピラミッドそのものが地球の縮図になっていることもごく当たり前のことなのです。神々の知識とテクノロジーが使われており、時限装置の役割も持たせているのですから。

フリーメーソンのシンボルマークがなぜコンパスと定規なのかはご理解いただけるでしょう。バビロン王ネブカドネザルによってユダヤの民はさまよう民になり、後のソロモン神殿の崩壊によってエルサレムにあったそのヒラム・アビフの秘儀や技術は封印されていたわけです。後のテンプル騎士団によって12世紀に発掘されるまでは。

テンプル騎士団の目的はただ一つでした。そう、ヒラム・アビフの残した、トート・ヘルメスによってアトランティスから伝わった知識と技術を得ること、及び真実の歴史にほかならなかったのです。

テンプル騎士団によって見いだされた秘儀参入の儀式や技術、及び真実のユダヤ教とキリスト教の姿は、当時の権力構造の中枢を担っていたカトリック教皇庁にとってはとても危険な内容でした。

キリスト教そのものが本来のイエショアの教えから明らかに逸脱して権力構造そのものになっていたのですから、真理が明かされることは自分たちの偽りが明るみに出されることにもなるからです。そして、このことがテンプル騎士団が教皇庁を脅し権力を握った原動力でもあったのです。結局偽りは必ず暴かれるようになっています。現在ではまだその偽りは明かされてはいませんが、もうすぐ明らかにされるでしょう。

ちなみに、テンプル騎士団の持ち帰った技術の一つは錬金術でしたが、これは、古代エジプトにおけるトート・アンク・アテン（ツタンカーメン）の黄金のマスクに使われている変成金の技術でもありました。これらの技術や知識はアトランティスのトートもしくはヘルメス・トリスメギストス（三重に偉大なヘルメス）として三度転生していたヘルメスのもたらしたものでした。

私は、通称として、このシリウス系の魂をトート・ヘルメスと呼んでいますが、私達は彼の導きによってこの次元での進化を促されているように感じています。蛇足ながら、私と知り合う前に私の肖像画を描いていたチャネラーの方がいますが、その肖像画にはピラミッドとヘルメスの杖が描いてあったのです。つまり、私の知識や体験を導いてくれているのはトート・ヘルメスに他ならないのです。私はトート・ヘルメスにとてもとても感謝しています。

さて、フリーメーソンとイルミナティとが混同されている場合がありますが、この二つは似て非なるものです。イルミナティとは覚醒後にある、俗に言う〝悪魔のささやき〟と呼ばれる意識の階層のことで、このレベル（振動数）が現在の二極性の世界における闇の部分を担っている階層に過ぎません。

イルミナティとはイルミネーションという言葉から類推されるように、啓明（光明）を得た人々という意味合いです。本来の意味はとても良い意味なのですが、覚醒後における自分の中にある闇の部分の噴出の期間にこのレベルに取り込まれてしまう場合があり、ここがイルミナティの闇の部分になっています。

イルミナティにおける「神の国」と呼ばれる世界への変化をさせるためのシナリオは、ネガティブをとことん経験することを前提にしています。これはヨハネの黙示録に代表されるネガティブバージョンによるシナリオです。しかも、本来は警告としての意味合いのものを盲信することによって、それを現実化させることが神の国を実現化することになるという信念に基づいています。実際にはこの世界においては選択の自由によって宿命を現実化するための運命という手段はバリエーションがあります。つまり、全ての選択は必要な過程であり、こうでなくてはならないという戒律的な部分によって制限されている考え方はまだこのレベルに達していないと言えます。それゆえ、光と闇の戦いという形でこの状態を表しているとも言えるのです。それから、イルミナティの意識レベルにおける問題点は、目的のために手段を正当化する点にもあります。本来のこの世界におけるエネルギーの法則と、因果関係を知っていれば手段も重要なのです。

ヒトラーが目的のために間違った手段を取ったことによって結局自滅したことを学び終えていないとも言えます。

イルミナティの意識の階層を超えたとき、つまり二極性を真に超えたときに真理に到り、私達は宇宙のメンバーに戻ります。その過程としての闇の勢力としてのイルミナティは、必要な人には必要な事だとも言えるのです。

さて、フリーメーソンの母体であるテンプル騎士団は１３０７年10月13日の金曜日にフランス王フィリップ4世と教皇クレメンス5世とによって壊滅させられます。従って真理の隠匿ということになるのですが、真理を利用して権力を持っていたテンプル騎士団の招いた反作用とも言えます。

真理が失われたということから13日の金曜日が不吉とされているのです。オクターブ理論からも13番目はチェンジですから、それを過去の価値観で捉えて悪いと言えばそうですが、「新しく変わる」と前向きに捉えれば良いわけです。

結局はものの捉え方であるということを理解できるでしょう。しかし、この時にもテンプル騎士団の奥義や真理は様々な形で残っていきます。

薔薇十字やイギリス王立協会などへ、もちろんイギリス王立協会の協会長であったアイザック・ニュートンは、薔薇十字の総長でフリーメーソンのメンバーであり、はたまたワンダラーであったので、りんご達（ワンダラー達）へのメッセージを残しているのです。りんごが落ちるのを見て万有引力を思いついたわけではないのです。

スコットランドのロスリン礼拝堂にはフリーメーソンの流れが痕跡としてしっかりと残っています。フランスから遠く離れたスコットランドだからこそ秘儀や神秘を残せたのです。そしてそれは、ダ・ヴィンチコードによって再び日の目を見るように設定されていたということです。上の次元の導きは私達の想像を遥かに超えるものであることがご理解いただけるでしょう。

ロスリン礼拝堂には、コロンブスの前にフリーメーソンがメリカの星の土地「ラ・メリカ」であるアメリカ（アメリカということの言葉そのものがフリーメーソンが関与している証拠でもあります）へと渡っていた事を示す、とうもろこしやサボテンが彫刻されています。ロスリン礼拝堂の方がコロンブスの冒険よりも早く建てられているのです。他にも、コロンブス以前にテンプル騎士団が既にアメリカに到達していたことを示す遺物がアメリカの中にもあるのです。

そして、アメリカの1ドル紙幣にフリーメーソンの象徴であるピラミッドアイが描かれ、独立宣言を作ったのがジョージ・ワシントンやベンジャミン・フランクリン、トマス・ジェファーソンらフリーメーソンのメンバー達であったことはもはや説明する必要もないでしょう。

アメリカ建国当時の精神はとても崇高なものがあります。しかし、当然のごとく、アトランティスの末期にいた魂達が転生することで、情報操作や意識操作、イルミナティのネガティブサイドが勢力を拡大しています。アトランティスの末裔達が再びアトランティスの末期のような様相を敢えて作り出して、ほとんど同じような厳しい状況を再現し、それに対峙、そして超えたときにバージョンアップするというとてつもないシナリオになっているのです。

日本におけるフリーメーソンが芝公園にあることも理由があるのです。シヴァ公園ですから、つまり破壊と創造の神であるシヴァ神のエネルギーが影響している場所に敢えて設置されているのです。彼らのレベルの高さが窺える事例の一つでしょう。

フリーメーソンとイルミナティとはどちらも意識のレベルを高めることを目的としているという点では似ていますが、フリーメーソンは組織として成立しています。イルミナティは、一部組織化しているものもありますが、基本的には意識の階層です。フリーメーソンはあくまでも意識レベルを高めるための秘儀と進化する階層を持っているので、これから先の世ではこれらの情報やシステムはオープンになっていくように思います。今までは世俗から離れている必要があったのでしょうが、これからはどのようなことでも白日の下に曝されることになっているのです。インターネットによって情報がどんどんオープンになっていますが、インターネットはアカシックレコードへつながるための、携帯電話はテレパシー社会になるための予行演習としてシリウスからもたらされた技術なのです。

第25章　善悪の彼岸

善悪の彼岸というと、ニーチェの著作を思い浮かべる方もいらっしゃるでしょう。ニーチェの著作には「ツァラトストラかく語りき」という著作もあり、〝神は死んだ〟という台詞で有名です。リヒャルト・シュトラウスの同名の交響曲が「2001年宇宙の旅」のテーマ曲ともなっているようにご存じの方は非常に多いと思います。これらの意味は単純ですし、この地球における上の周期の存在の導きを〝知っている〟人々にとってはごく当たり前のことです。

宇宙の意識レベルでは常識のことも、現在の地球での常識はエゴによって作られているために、宇宙の真理を理解するには常識の変換を要求されることが多くあります。

地球の人類が霊長だと思っている意識においては、地球の常識が宇宙では非常識であるということを理解するのは難しいかもしれません。しかし、私たちが理想だとする平和な世界は実現できないと思っているかもしれませんが、実際にそれを現実化している惑星はこの宇宙にはとても多くあります。地球がその方向に向かっているのは、そのような惑星と同じレベルだということを、地球に転生をしている一部の魂達はすでに知っているからです。そして、その他にも地球における魂達が次の周期に上がるための活動をしているワンダラーのような存在達がいます。しかし、彼らの中にも本来は知っている記憶を忘れ、地球で試行錯誤しているケースもあります。また、その気づきからは遠く離れた所にいる魂達もいます。しかし、それらの魂達も、最終的には思い出すことになるでしょう。

さて、ここで宇宙の真理を理解するためのポイントをまとめてみようと思います。

①この世界は自分のものなど何ひとつなく、地球や太陽系と上位周期（密度）から与えられているに過ぎません。

②この世界は全て因果の法則に則っていて、偶然はありません。全ては必然です。選択の自由は存在しますが、どのような選択も間違いではありません。

③時間とは、魂の学びのため、地球において因果の間に設定されているものであり（原因と結果とに分けられるのは時間があるため）、意識の状態と魂の進化の状態によって変化します。

④私達の魂の進化における気づきのサインは、私たちがその準備が出来たときに受け取る事が出来ます。

⑤それに気づいたときは、それが既に自分の回りに溢れていることを理解します。

⑥全ては因果関係ですが、その最も分かりやすい形は作用・反作用の関係であり、自分が行ったり考えたことが自分にはね返ってくるようにデザインされています。

⑦全ての現象（有形無形を問わず）は自分の心の投影です。

他にも色々とありますが、大まかにこの程度を上げておきます。

地球における人類の魂の進化を促すように、全ての現象は上の密度もしくは周期においておおまかにプロットされています。従って、それを〝知る〟と地球における人生の目的や役割などを思い出すことになります。映画「マトリックス」のように。

私は、上の密度もしくは周期で私達人類を導くように、将棋を指しているとかチェスをしているという表現をとっています。実際には、シンクロニシティ（共時性）が起こり始めると大まかに先が読めるようになりますが、とんでもない奇手が出てくることもあり、「そう来たか」と感嘆することも多々あります。実際にはそこには深い理由があることも後になって理解することになるのですが、人間は、追い込まれたり、ショックを受けるぐらいのインパクトがないとなかなか気づかないようです。

ニーチェの著作に関して言うと、「ツァラトストラかく語りき」は、神は死んだという台詞に示されるように〝超人〟を扱ったものです。それは〝ツァラトストラ＝ゾロアスター〟であり、光と闇の戦いをメインとしたゾロアスター教を超えたというところを〝超人〟という言葉で示しています。

私は、〝ツァラトストラ＝ゾロアスター〟が〝イエショア・ベン・ジョゼフ〟に転生する前の金星のサナンダであることを知っているので、現在のキリスト教がサナンダの教えと矛盾していること、キリスト教における神は死んでいることをニーチェが鋭く突いているとも思えます。

表現が難しくなってしまいましたが、ニーチェは、本来のサナンダの代弁者として著作を残した可能性があるということです。逆に言うと、ニーチェを通してサナンダが見え隠れしているということでもあります。つまり、善悪の彼岸に関しては、この二極性の世界である地球における学びの果てにあるものを扱っているということなのです。善悪という代表的な表現を取り上げていますが、東洋では、善悪というよりも陰陽という表現の方を好んでいるように思います。これは、善悪という概念においては、正義や罪悪、倫理的な二極性を含んでいるように感じる部分があるため、あえて陰陽という表現を多くしているのだと思います。

ゾロアスター教における光と闇というと、光と陰に比べて善悪の意味合いが強く感じられるのも言葉というものの持つ特性なのでしょう。尚、言葉における定義と印象や感じ方はそれぞれの人によって受け取り方が違うことでしょう。そしてこの受け取り方の違いが、現代という言葉を重視する世界での争いの元の一つになっているということも理由があることなのです。

アダムとイヴの創世神話において〝堕落〟とされるのは、エデンの園にある善悪の木の実を蛇にそそのかされてイヴが食べることから始まります。地球人としてのアイデンティティはこの時に始まったとも言えます。蛇は、リラ星系人達が一部のシリウス星系人を蔑んで言うときの蔑称です。

アダムとイヴは、リラ星系人とシリウス星系人との共同プロジェクトによって奴隷として作られたものですが、シリウス星系人は同じ人類（神の姿に似せて作られたという表現通り、宇宙のヒューマノイド型の存在は外見はほとんど地球人と見分けがつきません）に対して、人類としての進化をサポートすることを決めたのです。シリウス星系人が地球人をサポートしている、また、太陽系はシリウス星系の一部であると表現するときには、シリウス星系人にこの思いがあることを知っていて欲しいと思います。

シリウス星系人にとっては地球の人類はまさしく兄弟ですし、宇宙の真理を理解していれば宇宙のどこにいようがすべての生命（魂）は兄弟なのですから。魂の進化の過程での早い遅いがあるのは時間の概念の中にある段階では当然のことです。そして、早いから良いわけでもなく遅いから悪いわけでもなく、そのような段階での必要な学びをしているに過ぎないということとです。

この世界におけるカルマは、自分が行ったことを自分で受けることによって魂が成長するという仕組みによって生じるものです。従って、この世界が二極性を作り出してその中で学ぶことをはじめたときから、学び終えたときにそれを超えることが宿命づけられているのです。

善悪の彼岸とは、善悪を超えた先という意味です。先駆者であるニーチェは既にこの意識のレベルにありました。そして、ようやく私達地球人類が、ニーチェの残したサインをごく当たり前の事として受け止めるタイミングになってきたのです。そして、このサインはニーチェという媒体を通してプロットされていたのです。私達は上位次元の存在達の導きの凄さに感服せざるを得ません。そして今、二極性を超えるということがどういう事なのかを知る必要があるのです。

なお、1945年に発見されたナグ・ハマディ写本の中の、トマスによる福音書におけるイエショアの22番語録はこうなっています。

『イエスは授乳された小さな者たちを見た。彼は彼の弟子達に言った。「この授乳された小さな者たちは、御国に入る人々のようなものだ」。彼らは彼に言った、「私たちが小さければ御国に入るのでしょうか」。イエスが彼らに言った、「あなたがたが、二つのものを一つにし、内を外のように、外を内のようにするとき、あなたがたが、男と女を一人（単独者）にして、男を男でないように、女を女（でないよう）にするならば、あなたがたが、一つの目の代わりに目をつくり、一つの手の代わりに一つの手をつくり、一つの足の代わりに一つの足をつくり、一つの像の代わりに一つの像をつくるときに、そのときにあなたがたは[御国]に入るであろう』（講談社学術文庫「トマスによる福音書」荒井献著より引用）。

これの大まかな解釈を記します。前半では、小さな者とは謙虚で純粋な者の譬えであり、小さな者たちは御国＝神の国＝第4密度（現在の地球は第3密度です）以上の世界に入ることが出来るということを言っています。蛇足ながら、御国は別には神の千年王国とも記されていますが、現在の第3密度から第4密度へと地球の状態が変化した後、すなわち地球のバージョンアップ後の世界を指します。そして、第4密度は現在の第3密度と同じように肉体を持ち続け、愛の実践バージョンに入ります。

第3密度は学びと気づきの密度であり、第4密度は見返りを求めずに与える、すなわち愛の実践を行う密度です。第4密度への移行に関しては人類の集合意識が準備が出来てからスタートなので、あと7~8年後位から始め、移行を完了するのにかなりのシステムチェンジを伴うため、スタートから70年ほどかかる見込みです。

この情報を受け取っている人は現在多く現れていることでしょう。なお、一般的に他力本願を促す勢力（つまり恐怖や情報操作によってバージョンアップを妨げようとしている、これまでの権力構造にしがみついている勢力）によるアセンション情報が示している第5密度においては肉体は持つ必要もなくなりますが、その準備が終えるのはまだまだ当分先（現在の時間概念も変化しますが、千年以上は先）になることでしょう。

後半部分に関しては、それこそ善悪の彼岸の話ですが、二つのものを一つにするとは、二極性を超えることでバージョンアップが可能だと言っています。二極性を超える覚知体験を経験すれば、今までの概念を覆して新たに再構築することを行わなければいけなくなります。なぜならば、それまでの常識と思われていたものが崩れ去って、新たに宇宙の常識を知るという体験だからです。この体験はあくまでも体験ですので、言葉による説明では人に伝えるのは困難です。

ゴータマ・シッダールタも体験した覚醒体験も同様ですので、彼ゴータマも「悟りは人に伝えることは出来ない」という言葉を残しています。ともかく、この二極性を超える覚知体験をすることで、宇宙の常識による自分自身のものの見方の再構築を通して御国に入れるということを言っているのです。

第26章　善悪の境、愛の学び

この世界は、善と悪というものをある程度規定することによって常識というものを創り上げてきました。全ての現象は私達のものの見方が創り出しています。要するに見たいように見ているということです。常識という幻想を創り出すことで集団幻想を見ている状態なのです。この世界がどのように創られているか、どのような原理で動いているかを知ることで、この私達の思いこみの世界が変わります。なぜならば、世界自体を創造しているのが私達の想像力による創造力によっているためです。現象が変わるということは、私達の見方が変わることと連動しているからです。

悟った（差を取った）意識では、悟る前とは世界がまるで違うように見えます。そして、自分を取り巻く環境も変化していきます。もちろん、自分の外部の人々の見方が創り出している現象と相容れない部分が存在しているため、悟った直後では世界から自分が遊離したように感じます。

集団幻想から遊離するための一時的な現象ですが、全ての現象を作り出していたのが自分の意識であるということも実感することになります。結局、この世界では、洗脳をしたりされたりして、集団幻想を見ている状態からの脱却という学びをすることが魂の一つの目的ともなっているのです。

これが正しくてあれが間違っている、これが善くてあれが悪い、こちらが優れていてあちらが劣っている、あの人は素晴らしくてこの人は醜い、など、私達の価値判断はどこかで差をつける境界がありますが、この境界自体私たちの主観に過ぎません。そして、この主観をある程度一致させるための手法として常識や教育などがあるとも言えます。しかしながら、前章で述べたように、7つのヒントが価値判断のベースになれば、それまでの価値判断である現在の常識が覆される事になります。臨死体験や覚醒体験などを経た人が、それまでの価値基準から著しく変化し、物事を達観するようになることが多く見られますが、それは、この世界の常識と呼ばれる洗脳から目覚めたためなのです。臨死体験では、肉体を持っていることの意味と肉体に自分が属しているのではないことを知るのです。

蛇足ながら、私の場合、覚醒体験を経験した後に、幽体離脱ではなく肉体から意識を飛ばす体験を何度かしています。これは、呼吸法を行いながらセンタリングをして最後に第4チャクラであるハートチャクラを完全に開くというワークを行うことでの経験です。目は閉じていますが、丹光に包まれその光に同化する（これがとても気持ちよいのです）と、肉体から意識が完全に離れます。このワーク自体、立って行うため、意識が戻ってくると大抵怪我をしていることになります。一度などはそのまま後ろに倒れたようで（当たり前ですが受身などとりません）、後頭部を植木鉢にぶつけて動脈が切れ、部屋中が血だらけになっていたということもありました。意識が戻ってきた後はものすごい痛みで大変でした。お風呂の中で行った時も、湯船がクッションになると思っていたのですが、覚めてみると洗い場に逆さまに倒れていて頭から血を流しており、血溜りの中で上下感覚がおかしくなりながら意識が戻ってきたという経験もしています。暫く青あざになりました。また、意識が肉体からずれるという体験もしています。意識があるのに肉体と完全に同化していないため、感覚がまるっきりなくて食べても味はせず、どのように体を動かしたらよいかわからずにロボットみたいに動いてしまったり、お風呂に入っても熱いのか冷たいのかもわからず、力加減が分からないので体を洗ったらこすりすぎて血が出てきたりという体験もしています。見え方や聞こえ方も現実感がない状態でした。念のために言っておきますが、一切ドラッグは使っていません。この状態は2日ほどで治ったのですが、意識と肉体が別のものであるということを身をもって経験しました。そして、肉体はこの世界における大事な乗り物なので大切に扱おうと改めて思いました。エジプトでは、魂＝BA意識＝KA　肉体＝CARTと言いましたが、まさしく肉体がカート（乗り物）であることを実感したのでした。

覚醒体験も同様のことを知ります。肉体を持っていることによる価値判断が、この世界における基準となっていることが分かります。確かに肉体がなければこの世界での冒険が出来ません。

私たちは、肉体という制限された乗り物を使わなければ出来ない体験（この漢字もからだが経験することという意味ですね）を地球でしています。肉体は本当に素晴らしい乗り物です。どうしたらこれほど素晴らしい乗り物を造り出せるのか、ほとほと感心するしかないほどこの世界は良くできています。ただ、この世界も偶然の積み重ねによって創られていると判断するのは、この世界の本当の意味での奥の深さを知らないことに起因しています。

この世界が、どうしてこのようになっているかを〝知る〟体験が覚醒体験でもあるのです。真理を知る体験とも言えます。この世界はある意志が創り出していますが、それ故にその意志を神と呼んだりして神を知る体験を覚醒体験であるという人もいます。

この意志とは、この世界の法則を創りだし、太陽の回りを地球が回るようにデザインし、人々が現象を創りだしていくように設定した存在です。そして、この存在は決して善悪を区別しません。なぜならば、善悪とは主観に過ぎないからであり、状況や判断基準によって変化するものだからです。子供が知らないが故に悪ふざけをしても、大人はその子供を憎んだりはしないでしょう。子供がすることだからと許し、逆に愛らしくも思うことでしょう。

宇宙では魂が成長すると、このように今の地球の種族が行っていることも、大人が子供を見るようにしか見ていません。宇宙には沢山の種族がいるし、必ずしも3次元的な肉体を持っているとは限りませんが、宇宙空間において行き来が出来る状態まで成長するには二極性を超えることが必要条件になっているのです。

この宇宙の種族達は、現在の地球の種族の行っていることや魂の成長段階を大人が子供を見るように見ているのです。映画にもなっている「インディペンデンス・デイ」や「宇宙戦争」など、地球を侵略をしようとする現象は、今後の地球ではあり得ません。なぜならば、現在の地球は太陽系の種族やシリウス星系をはじめとする種族に守られているからです。これらの映画のように恐怖によって判断基準を作らせようという洗脳をしたい存在が地球にいるということです。

私たちはもっともっと賢くなるべきタイミングに来ています。そして、逆をいうとこれらの恐怖による洗脳がなければ洗脳から醒めるという現象もあり得ないのですから、全ては二極性を超えた存在たちによる、それの学びを終えるための導きだとも言えるのです。二極性の世界における価値判断だけをいくら積み重ねてもこの世界の崩壊は止めることは出来ません。現在の経済の危機的状況は、資本主義という二極性の世界におけるシステムの変革を促しています。

資本主義に基づいた判断基準による施策はことごとくうまくいかないでしょう。このことをまず知ることです。人類は、このたかだか数百年の間、人が人から搾取するという狂ったシステムを良しとしていたというだけのことです。しかしこのシステムは過程に過ぎないのです。逆に言えばこの過程を通して学んでいたということであり、過去を否定しているわけではありません。

地球は全ての人類が生きていくのに必要なだけのものを与えてくれています。結局は肉体も含めて自分のものなど何もないのだということを〝知る〟ことが現在の判断基準を変えるための、はじめの一歩になるのです。

次に、この二極性を知った後に生きていく上での判断基準が何であるかを記します。この世界が私たちの意識によって創り出されているということは、私たちは創造主でもあるということです。私はこのことを、「私たちは創造主の御霊分けである」と言っています。

創造主＝神ということであれば、「私は神である」と言ったらすぐに、危ない人とされてどこかの病院に隔離されかねませんが、「私たちは神の御霊分けである」と言えばそれほど危なくはないでしょう。まあどっちもどっちかもしれませんが……。

ともかく私たちは創造のエネルギー変換を行っている存在でもあります。これは、私たちの意識が存在している領域が3次元（厳密には第3密度ですが、精神レベルと混同するために3次元という言葉を使用します）よりも上に位置しており、意識のエネルギーが3次元に降りてきて現象化するためです。その創造の力の源になる大きなエネルギー源は〝愛〟なのです。

　私たちはこの愛による現象化の法則をこの地球において学んでいる存在なのです。従って、二極性の学舎としての地球は、愛と対局にある憎悪や恐怖などが存在し（反対がなければ認識できませんから）ているのです。そして、憎しみや妬み、嫉みや恐怖などを通じて愛を学んでいるのです。全ての創造の原理は愛であることを知る体験をすることも私たちの地球における目的の一つです。愛に打算はありません。愛は見返りを求めないものです。この世界は与えたら与えられるのです。

第27章　直線は存在しない

直線は存在しないといったらびっくりされるでしょう。ユークリッド幾何学における基本は、直交する3本の直線による軸を基本に組み立てられています。慣性の法則では、外部から力を与えられない限り直進する物体は永遠に直進すると教わりますね。でも、よく考えてみてください。地球の上で直線を地表上で引けば、地球から離れた視点で見れば地球の表面上に沿った曲線にしか見えないでしょう。結局はどの視点でものを見るかによって違うのです。

実際に宇宙では、太陽の回りを地球が回っており、太陽も銀河の中心を回っており、その銀河も回っています。極微の世界では、原子核の回りを電子が回っているボーアモデルがよく知られています。結局、この世界は何かを中心として回っている構造の重ね合わせで創られています。

私たちの世界は意識の投影によって創られています。このことを真に知り、根本的な意識レベルの変革によって初めて宇宙のメンバーに戻れることになります。真理と真実から離れることによって二極性の中での学びをしてきたのですから、これまでとは逆の意味で考えることで統合へと向かいはじめます。

直線は存在しないこともその一つです。私たちの科学の言葉の根本に点と直線の概念がありますが、円環運動とエネルギーが存在するだけだと想定することが必要になります。また、私たちのエネルギーにおける法則においても、20世紀に捨てた概念である、次元間のエネルギーの伝播であるエーテルを想定することも必要なことです。

私たち人間も含めて生命力の源はエーテル層から来ていますが、これは古代エジプトにおけるカーと同じものです。地球のエーテル層の最外殻を月が回っているということを知ることも、次の世代の地球にとっては必要なことになります。

人類が現在〝宇宙空間〟と呼んでいるスペースは実際の宇宙空間ではありません。地球のエーテル層より外側、つまり月の軌道の外側が宇宙空間となります。そして、宇宙空間では因果の間の時間がほぼオンタイムとなります。そしてまさしくこの宇宙空間では直線は存在しません。

エネルギー同士が引き合うことでこの世界が形作られているためであり、そこは全てが一つであり引き合っている間には実際は距離はないのです。そしてその創造のエネルギーはいつもオンタイムであり、私たちはその創造のエネルギーの一部であるため、私たちが一つであることを理解すると、私たちに分離が存在しないことも分かるでしょう。私たちは分離という現象を体験することで一つであるという、この二極性ならではの二律背反によって真理を学んでいるのです。

また、知っているという状態がいかなるものであるかを理解することも重要なことです。というのも知るということは一見行為に思えますが、実際には能動でも受動でもある状態です。〝知る〟ということは、五感で感じる事とも違います。なぜならば見ようが聞こうがそれを意識のレベルで知覚しない限り知るという状態にはならないからです。もっと言えばいくら体験しようが知識を得ようが知らないものは知らないのです。逆に一瞬で知っているという状態になることもあります。私が直線が存在しないことを知ったのは理屈ではなく、それがこの宇宙における真理から当たり前のことであることを一瞬で知ったのです。

直線が存在しないことが理解していただけたら、実際に私たちの属している宇宙がどのような構造になっているかも記しておきましょう。時間と空間はあくまでも私たちの意識が認識している仕方で認識します。それは、私たちの観念が現象化する、即ち思考が現象化するこの宇宙の法則に則っているためです。結局、観念という言葉が示すように、見方と今の心が現象化し、この現象を見る見方が観念になり、またその観念が現象化するというループを形成しています。ウロボロスの円環になっています。現時点では地球における人類の集合意識という集合的観念が現在の地球環境という現象を形作っていることになります。例えば、今は不景気だと皆が思うと不景気を創り出す事になるわけです。

不景気だという観念から財布の紐を締めてしまい、これがお金の循環を妨げることになり、それが企業業績の低下につながっていくことになり、それによって給料が抑えられ、ますます財布の紐を締めることになるのです。

デフレスパイラルという言葉がありますが、なにも難しいことではなく、単に人間の思いこみや観念が現象化していることの表れです。現在の世界は不況だといいますが、単純に地球人の観念（思考）が創りだしているだけであって、一人相撲をとっているようなものです。人間の社会の中だけの話ですから。結局それを変えるのも人々の観念次第ということになります。

現在地球は第7文明にありますが、第6文明が崩壊する際の地球規模での天変地異のおかげで色々な現象や地球上の物質的なものがリセットがされました。それに伴って、ある意味人類は文明を一から構築しなければならなくなったわけですが、それゆえに力の強い者が支配するための洗脳をすることになったわけです。力といっても肉体的な力ではなく、権威や支配構造といった意味合いです。それゆえ、本来地球に属しており誰の物でもない土地や資源、地球が人類に与えてくれている食べ物（植物・動物・魚等）などを自分の物とする〝所有の概念〟が出来上がってきたわけです。実際には人間の肉体でさえも地球から与えられているものであり、自分の物などはこの地球上には一切ないのですが……。ともかく本来誰の物でもない物に対する取り合いがずっとずっと続いてきたのです。その取り合いは争いという形をとり、現在の地球でも争いを基本とする仕組みが多くみられます。

国という概念もそうです。地球上には境はありません。人類が勝手に作っているものです。領土問題などでの争いをみていると情けなく思います。国益などという言葉も嫌いです。自分だけが良ければ良いということなのでしょうか。

また、争いを良しとする洗脳は、資本主義という形に最も強く現れており、その根本に競争原理をおいています。元々誰の物でもないものを基本に据え、さらに、持つ者が持たざる者から搾取する仕組みになっているわけです。

これを良しとしていること自体に問題があることが理解できると思います。こうしてみると、地球人が宇宙空間に出て行けないことは私たちの精神のレベルゆえであることがわかるでしょう。この状態におけるウロボロスの円環の鎖を解かない限り宇宙のメンバーには戻ることは出来ないのです。

つまり、現在の地球における様々なこの円環からはずれることが見方を変え、観念を変え、現象化を変え、現象を変える事になるわけです。

卵が先か鶏が先かという話がありますが、自分たちの意識が変わらない限りは結局もとに戻ってしまいます。ここで重要なことは自分が変わることを選択しなくてはならないということなのです。誰かが変えてくれるのを待つということ（救世主願望）自体が、ウロボロスの円環になっていて、世界が変化しない大きな要因になっているということを認識しなければなりません。

実は宇宙における流刑地でもある地球（〝暗黒の赤い星〟とも言われていますが）はその役割を終えて、第4密度の愛の実践バージョンの星へとシフトしようとしています。

現在の地球では地球人による情報操作と、レベルの低い支配欲の強い精霊達による情報操作によって人々の意識が操作されており、それが実際には宇宙の真理の言葉も沢山世に出てきているのですが、それを見分けることを困難にしています。しかしながら、「求めよ、さらば与えられん」という言葉通り、自分の意識レベルを上げることを求めることによって真理は与えられます。自分の意識レベルに応じた物が与えられるからです。もちろんそこにはイエショアも体験した砂漠の40日間のような悪魔のささやきとの戦いもあります。それは自分が意識レベルを上げることによって現象を変える力を持つことになるため、ある意味では関門のようなものです。ともかく現在は、先達が多く出現していることもあり、以前のようにガイドがいないという状態ではありませんので意識レベルを上げることを恐れる必要は一切ありません。そして、現在の地球は集合意識自体が第4密度への移行のタイミングにあるということなのです。

第28章　ヨブ記の一説の解説

ここで私は、受け取る準備が出来たときに必要なことを受け取るという、当然のことを当然とは受け取られていない事象としての例を挙げようと思います。たとえば、高校の教科書を幼稚園児は理解できないでしょう。知識もそれを受け入れる段階にならないと受け取ることは難しいということです。

私たちは、地球の環境は多次元階層というか、多種多様な振動数によって創られているということを、理解しているようで理解していないと思います。

現在の地球では、様々な振動数（レベル）のものが氾濫しています。ほとんどの人は自分が振動数を変えることで共鳴・共振する内容が変わることを体験しているはずなのですが、それを気づいたとき、その素晴らしさに感動しているにもかかわらず、時間が経つとその感動を忘れてしまっているように思います。知識や情報はいつもそこにあったのだということ、そしていつの世も先駆者達がいたのだということを忘れてしまいがちです。その典型的な例として挙げられるのが、旧約聖書のヨブ記の一説に集約されていると思うので、それをここに記します。

ヨブ記は旧約聖書の中の諸書の一つですが、誰が著者なのかが分からないために、主人公の名をとってヨブ記と呼ばれています。私の得ている情報ではこの著者はモーゼだということです。彼が冤罪によってエジプトの地を離れ、メディアンの地へ行った時に経験した事がベースになっているということです。つまりヨブはモーゼ自身ということになるのです。神の仕事すなわちワンダラーとしての「出エジプト」と後に呼ばれる仕事をすることになるための信念の部分、それを形作ることになる彼の心の変遷を、実体験を通して描いた書であるということです。では、その一説を解説したいと思います。内容としては今までに述べたこととかぶることが多くありますが、あえて再度記すことにします。

「君はプレアデスの鎖を結び、オリオンの結びを解きうるか。君は金星を正しき時に導き出し、大熊座のもろ星を導くことが出来るか。君は天の法を知っているか、天で記されたことを地で行うことが出来るか」（岩波文庫、関根正雄訳から引用）

これらを理解するには、地球においては相当な知識を要することになるため、このタイミングでは訳者は理解できていなかったようです。この本を訳した時点では、宇宙の諸現象のように解釈をしていたようです。その後、訳者がどのように解釈するようになったかを私は知りません。ここで重要なのは、宇宙の常識から考えるとここに記されている事は非常に当たり前のことであり、宇宙から来ている人々にとっては当然の内容となります。しかしながら、この書が現代まで残されており、さらにそれが訳されて私たちが受け取ることが出来るようになっていることが素晴らしいことであり、正に天の采配であることを理解しましょう。

この一説は暴風の中からヤハヴェがヨブに答えたことになっていますが、母船にアクセスした人々が体験するように、母船のフォースフィールド（磁気的な作用）によって周りには積乱雲が発生します。モーゼの出エジプトの場面で説明したとおりです。そしてその嵐のような中から、凛とした神（天使）の声が鳴り響くのを聞くことになります。

では、最初のフレーズ「プレアデスの鎖を結び」を説明します。

まず、私たち地球の人類の起源に関することを理解する必要があります。シュメール文明の碑文の解読結果より以下のことが既に分かっています。地球の人類は、元々地球に降りてきていたヒューマノイド型の宇宙の種族により、遺伝子交配によって創られました。

当時太陽系とシリウス系とをつなぐ役割でもあるニビル星（ＮＡＳＡでは惑星Ｘとも言っています）の種族は、金を採掘に地球に降りていましたが、鉱山労働の重労働に対してストライキが起こったことをきっかけとしています。

彼らにとって、母星であるニビル星は太陽系の惑星ですが、約３６００年という非常に長い公転周期を持っています。

太陽系の他の惑星の公転している面が冥王星を除いてほぼ同一であることは知られていますが、このニビル星はこの公転面と約70度の角度をなして他の惑星とは逆向きに周回しているため、交差する星とも言われています。

短日点が太陽系内で火星と木星の間の通称アステロイドベルトの辺りを通っていきます。当然かなりの速度で周回しているわけです。このニビル星から地球に降りていたのはニビル星の大気の消失を防ぐために金が必要になったためとされています。

宇宙航行が出来るテクノロジーを持っているこの種族は、自らの重労働を回避するため、奴隷を創ることを決定したのが始まりです。地球には他の星系からの種族が入植していましたが、現在の地球人という種族はまだ存在していませんでした。しかし、類人猿と呼ばれる種は存在していました。

元々、ある惑星がヒューマノイド型の種族を受け入れる準備が出来るとそこには宇宙の意志によってヒューマノイド型の種族が誕生します。なぜならば、ヒューマノイド型の種族の〝肉体を持つ経験〟を通して魂が進化していくようになっているからです。

そこにはダーウィンの進化論は存在しません。彼の進化論はDNAの禁則の問題で完全に破綻しています。種が誕生するのはそこに意志がある場合だけです。そして環境適合因子は変化すれども種は変化しません。蛙はいつまでたっても蛙なのです。類人猿はいつまでたっても類人猿なのです。因みにネアンデルタール人はサハラ砂漠で20世紀に発見されて写真も撮られていますが、しっかりネアンデルタール人でした。この情報は当然のごとく隠されていますが、調べればすぐに出てくるでしょう。

話を元に戻すと、ニビル星人達の中でも科学者として名が通っていたエンキ（ポセイドン）は、妹のニンティ（ニンフルサグ、エジプトではハトホルとも呼ばれています）と共に遺伝子操作によって、類人猿からアダマ（赤い土の意味です）を作り出します。当然ながらこれがアダムのことですが、奴隷として作り出したためアダマは何人もいました。この時に使用したのがプレアデスの遺伝子であり、類人猿の遺伝子と交配したというわけです。地球人のDNAにプレアデスの遺伝子が入っているのはそのためです。そして、奴隷として使うためには遺伝子の鎖を封印する必要があったのです。現在でもこの封印は解かれておらず、この遺伝子の鎖を結び直すと再び宇宙のメンバーに戻る事が出来るようになります。それはすなわち、思い出すこと（re-member）になるのです。

次に、「オリオンの結びを解きうるか」を説明します。

地球には様々な神話が残されていますが、ほとんどの神話は実際の出来事が基になっています。これは少し考えれば分かるように、フィクションだと、権威を持って残されることも語り継がれることもないためです。もちろん長い年月の間には話が大きくなってしまったり、虚飾や情報操作によって歪められたりということも起こっては来ます。

最近ではノアの洪水が史実であったということに異論を唱える人は少なくなったと思いますが、4~50年前にはフィクションだと思っている人が大半だったのです。世界中に洪水伝説が残っているにもかかわらずです。それほど権威主義によって力の強い学者の言うことが影響を与えてきたわけです。というか一般の人々が「考えることを放棄」してきたのです。

私は科学者とは未知のことを探求する人のことを言い、誰かの仮説を定説にするために他の仮説を排除するようなことをしない人だと思っています。私が正しく、他の人が間違っているというこの心こそが現代の人類の重要な課題なのです。私の科学の定義から言うと、現在の科学者(もしくは学者)の大半は科学者ではないことになるでしょうね。

さて、メソポタミアでの発掘調査によって洪水の痕跡が発掘されたり、トルコのアララト山に残された方舟の破片が見つかったりということもあり、ノアの洪水に関しては史実であった可能性が非常に高い状態となっています。

このフレイズに関係する神話はオシリス神話です。古代エジプトにおける神話で、神であり兄弟であるオシリスとセトが王位継承権を巡って争いをするのですが、ここには複雑な王位継承に関する取り決めがあったためです。後のエジプト王朝にも引き継がれることですが、王とその異母姉妹との間に生まれた子はすべてに優先して王位継承権を得るというものです。

セトはオシリスの体をばらばらにしてナイル川に流します。それをオシリスの異母妹（セトの異母妹でもあります）であり妻であるイシスが拾い集め（男根以外）、イシスの父であるトートに復活させてもらいます。そこで精巣より精子を取り出しイシスの子宮に人工授精をしてホルスを産みます。オシリスはそのままドゥアト（冥界）つまり来世へと行きます。

イシスはセトに気づかれないようにホルスを育てます。その間セトはイシスに情交を迫りますがイシスは拒み続けます。これは王位継承の問題です。セトがイシスとの間に息子をもうければ第1王位継承権はその子にあることになるからです。セトには息子がありませんでした。ホルスが成長し、ついに名乗りを上げて第1王位継承権を主張しました。結果、ホルスとセトが戦いを始めるのです。この後、セトは睾丸を失い、ホルスは片目（ホルスの目とはこの目のことを言います）を失います。そこで神々が調停に入り、ホルスがエジプトの地を支配し、それ以外の地（アジア）をセトが支配するという決定がなされたのです。これがオシリス神話です。これは死海写本にも、光と闇の戦い（神の掟の息子達とベリアルの息子達の戦い）としても出てきますが、様々な形で後世に残されています。

オリオンが出てこないじゃないかと言われそうですが、実はこの話自体が〝天であることは地でもある〞ということわざ通りであり、オリオン星系における、通称〝オリオン大戦〞の地球での焼き写しだったのです。このオリオン大戦に関してはスターウォーズとして映画にもなっています。これも必要なときに天からメッセージが降りていることのひとつであり、現代だからこそ私たちは映画でそれを見ることができるのです。そしてかつてそれを体験した魂達の郷愁を誘うのです。もちろん〝隠されているもので露わにならないものはない〞の言葉通り、最近になって露わになり始めたのです。

オリオン星系＝オシリス勢力とアルデバランをはじめとするヒアデス星団＝セト勢力の争いにおいて、当初は優勢だったオシリス勢力も徐々に力をつけるセト勢力に敗れます。その結果残ったオシリス勢力は天の川銀河に隠れます。スターウォーズでは、ジェダイは当初優勢だったものの、分離主義者（二極性をよく言い表していますね）が増えていく中で、選ばれし者アナキン・スカイウォーカーのダークサイドへの転落によって破れ、散り散りになって天の川銀河に潜伏することになるのです。

時間が経ち、密かに育てられたオシリスの息子のホルスがセト勢力へ挑み、最終的にはホルスの勢力が勝ちオリオン大戦が終了する形になります。この映画ではホルスがアナキンの息子であるルークであることは明らかですね。スターウォーズでは帝国群が壊滅してネガティヴ勢力がいなくなるという地球的な終わり方をしているのですが、実際のオリオン大戦で、魂は滅びないためにセト勢力は追放された形になっています。

現在の地球における、ポジティヴとネガティヴの戦い（光と闇の戦い）は、オリオン大戦における ネガティヴ勢力の綱が関係しています。それはセト勢力ということになりますが、実際には地球を守っている太陽系連合の力によってセト勢力は地球に対してダイレクトに干渉することは出来ません。しかし、私たち地球人類は二極性の学びをしているのですから、必然的に自分自身がネガティヴを選択しているときには〝類は友を呼ぶ〟という共鳴・共振の原理によってネガティヴ勢力のエネルギーを受けます。これは宇宙の法則における選択の自由（自由意志）を妨ぐことを禁じていることから、太陽系連合も不干渉の立場をとっています。従ってこのオリオンの綱という結びつきは現に存在していることになります。ヨブ記の表現は、オリオンの結びを解く、すなわちオリオン大戦の投影を知った上で、その結びつきを自ら解くことが出来るかということを言っているのです。

次に「金星を正しき時に導きだし」を説明します。

宇宙における魂の成長に関しては、必要な惑星に転生しながらそのカテゴリーの学びを完了し、次のカテゴリーへと向かうという流れになります。学びを完了し、そのまま惑星ごとカテゴリーを上げる（これを通常惑星のバージョンアップ＝アセンションということになります）ことで引き続き同じ惑星で学びを続けるという場合もあります。例えば、地球は現在第3密度に属していますが、そこで魂がこの第3密度での学びを終了すると第4密度の惑星へと転生します。

第4密度は肉体を持っての学びが継続しますが、それはどちらかというと愛の実践における学びとなります。この第4密度の学びを終了すると第5密度の学びへと向かいます。これがエネルギーの法則（波の法則）である、オクターブで上がっていくという形をとっていきます。これを俯瞰すると天国への螺旋階段を上るように見えるのです。

この階段の1段階においては惑星という学びがあり、惑星は魂の進化の一段階でもあるということです。現在の地球をとり巻く環境はというと、現在転生している魂達のバージョンアップと同時に地球のバージョンアップが一緒に起こるということと、太陽系全体におけるバージョンアップも同時期に起こっているのでとても珍しい事になります。

太陽系では太陽のまわりの12個の惑星の内、地球以外の11個がすでにバージョンアップを果たしており、この地球が最後になります。恒星は必ず12の惑星を持ち、その恒星系が12個でひとつのユニットをなし、さらにそれが12個で……と続きます。今回は太陽系のバージョンアップも関係しているのです。そして、宇宙の法則により、バージョンアップをサポートする惑星は直近にバージョンアップをした惑星が行うことになっています。これは第3密度からのバージョンアップから時間が経ち過ぎると、二極性を超える経験からあまりにも遠ざかってしまい、感覚的に理解できなくなることと、知識レベルが違いすぎて意思疎通が難しくなるためです。ということで、今の地球時間の概念で約250万年前にバージョンアップした金星がそれにあたり、現在の地球人をサポートするのは金星人達ということになるのです。

元々、シリウスの存在であるルシファーであり、サナート・クマラが金星経由で地球に降り立ってから約250万年ほどだということは、この存在が金星のバージョンアップをサポートした後に地球に来ていることを意味しています。それ故に金星のサナンダがイエショア・ベン・ジョゼフとして人々に宇宙の真理を伝えるために降りてきていたことも理解できるでしょう。

現在も金星人達は、転生をしている場合もテレパシー的にも私たちをサポートしています。しかしながら宇宙の法則によって準備が出来た魂以外にダイレクトに干渉をすることはありません。準備が出来た魂は必要なときに金星から導きを受けることになります。尚、地球のバージョンアップをサポートしているのはアルクトゥルスだということを言っておきます。

では、次に「大熊座のもろ星を導けるか」の説明をします。

もろ星と言っていることから分かるように、大熊座のいくつかの星を言っているのですが、これは地球の歳差運動が関係しています。ご存じのように現在地球は北の自転軸が北極星と呼ばれる星を指しています。従って地球から見ると時間と共に北極星を中心として空が回転しているように見えるわけです。

現在の地球人にとっては北極星を中心にして天が回転しているように見えるのですが、実際には自転軸の延長線上にある星は時間とともに変化しているのです。過去の中心は大熊座にける他の恒星でした。

私たちは大きな周期を理解することが地球の現在を理解することにつながることを見てきましたが、ここにおいても同様の理解を求められています。黄道十二宮として占星術などでも用いられる十二の星座を約２１６０年単位で移り変わっていきます。地球の歳差運動が原因です。20世紀までが魚座の時代とされたように現在がアクエリアン・エイジ。つまり水瓶座の時代と呼ばれることがそれを表しています。因みに、イエショア・ベン・ジョゼフは魚として表されることも、この歳差運動における象徴とされていることなのです。つまり彼の出現によって魚座の時代、即ち啓示の時代が象徴されているからです。

ここで重要なのは、私たちは地球がポールシフトと呼ばれる地球の自転軸に対して、地表面が滑る現象を何度も体験してきたという事実です。ポールシフトは今から１万２５００年前を最後に起こっていません。それまでは岩盤に記録されている地磁気によって、約２０００年に１度の割合で起こってきたことが明らかになっています。ここで重要なのは、最初のノアの洪水が起こる前には人類の寿命は約１０００歳であったということです。そして天の蓋が開けられたときに水が地表に降り注いだということです。それによって人類の寿命は約１２０歳と縮まったということです。

かつての地球は現在の金星のように厚い水蒸気の雲に覆われていたために、有害な太陽光線が地表に届かず、また、この厚い雲がシールドとなって全地的に温暖な気候であったということです。これは、金星の現在の状況を、ＮＡＳＡや気象庁の発表の虚偽を理解することによって認識することが出来ます。もしくは肉体またはアストラル体によって金星に訪れることが出来れば理解することが出来るでしょう。ここで大熊座のもろ星を導けるかということは現在の地球が、以前の地球のように自転軸が公転面と垂直の状態に戻り、大気の状態が変化することを意味しているのです。

地球人類の集合意識が地球のエーテル層に対して変化を促していることから、地球における諸現象は変化をしています。私たちの意識が地球の現象を起こしているわけですが、集合意識が変化しているため、俗に言う異常気象が起きているのです。これは二極性の学びが終了することで集合意識が第４密度へと変化し、愛の実践のフィールドとなること、すなわち、神の千年王国の現出となるということなのです。それが地球のポールシフトを伴うということでもあるのです。恐れることはありません。私たちの魂は不滅なのですから、必要であれば肉体を乗り換えるだけの話なのです。

「君は天の法を知っているか、天で記されたことを地で行うことが出来るか」を説明します。これはそのままなのですが、天の法とは宇宙の法則のことであり、創造主が定めたこの宇宙での法則に他なりません。しかし、この宇宙というのは色々な振動数領域でありエーテルの領域も含みます。地球的な表現をすると、3次元だけでなく、多次元を含む領域ということになります。したがって、ここでいう天とは3次元的な宇宙だけではなくて、非物質的な領域を含む領域を表しています。

マトリックスという映画では〝ZION〟に該当することになります。天で記されたこと、つまり地で行うようにあらかじめプロットされていることや、地において自由意志によって変化するシナリオも含めて、自分の魂が地で行うように宿命づけられていることを行えるかということを言っています。そのためには天との意思の疎通がなくてはなりませんし、エゴによるフィルターを通さず（表現を変えるとあれこれと考えないでということ）、天に委ねることが重要になります。

以上がヨブ記の一説の解説となりますが、この情報は受け取る準備が出来ている人しか受け取れないということの例ですが、内容がとても重要であることからあえて取り上げました。過去の先駆者達は、必要なときに受け取られるように重要なメッセージを残しています。

私たちは見たいように見、聞きたいように聞き、そして受け取りたいように受け取っています。人の意見を聞くことは重要ですが、盲信することなかれです。自分で考えましょう。

再び言いますが、〝求めよ、さらば、与えられん〟自らを高める努力をしましょう。そうすれば与えられるでしょう。〝天は自ら助くる者を助く〟、すなわち自立することが重要であり、天（上の周期の存在達）は自立する人を助けてくれるのです。

第29章　提　言

ようやくこの世界の、競争原理に基づいた奪い合いのシステムが壊れかかっています。もはや既存のパラダイムによって修復することは不可能です。基本的なシステムの変革が促されているためです。新しいパラダイムが必要であり、与え合いを基本とした、全ての人が尊重されるシステムを構築する必要があります。

資本主義というシステムが根本的に次世代の地球にそぐわないということを知るべきタイミングになったということなのです。現在の経済的な破綻は、結局のところ私達の魂が目覚めるための現象であり、競争をして人から奪うことに対するシステムチェンジを促しています。これは誰が行ったのでもなく私達自身の魂が行ったことなのです。そして、私達の魂が最もふさわしい両親を選んでこのタイミングでこの地球に出てきたことを知るべき時に来たということです。この世界は私達が魂の学びをするために出来ています。しかしながら、そのことに気づかない限り、どんどん厳しく、しかもどんどん短い時間の中で私達自身を追い立ててきます。

全ては私達の魂が起こしていることなのです。私達は全ての富を国を超えて分配し、この世界における奪い合いの構造を、与えあいの構造へと変化させることを基本とするべき時に来ました。

仏教における説話に、地獄はいくらでも食べ物があるにもかかわらず、それを食べるための箸が長いため自分で食べようとしても食べられない状況の下、皆が飢えている状態であり、天国は同じ状況にもかかわらず、長い箸で、他の人に与える人だけが自らも与えられ、誰もが満たされた状態である、というものがあります。まさしくこの世界はそのようになっているではありませんか。

富やエネルギーは全て自分のものではなく、地球から与えてもらったものであり、誰のものでもないのです。肉体でさえも地球から与えられている乗り物だということを理解しましょう。そして、まず与えることが与えられることになることを知るべき時に来ているだけなのです。

全ての執着を手放してごらんなさい。そうすればそこに天国（次の第4密度）のビジョンが見えるでしょう。既存の価値観によって経済を立て直そうとしても逆にますます厳しい状況に陥るばかりです。人から奪うシステム、競争原理に基づくシステムを止めましょう。武器を持つことを止めましょう。この状況を修正するため、一旦エネルギー・食料・生産のシステムを共産主義的に変えましょう。そして明確なビジョンを持ちましょう。もはや本質的でない対症療法は止めましょう。

地球温暖化の原因は温室効果ガスということで二酸化炭素を犯人にしています。しかし、二酸化炭素の影響よりも、土をアスファルトによって覆っていることで地球の呼吸が出来なくなっていること、窒素酸化物によって上層空気の層にフィルターをかけ、放熱が押さえられていることの2点の方が影響が大きいのです。しかし、どちらも産業界に影響が出るので報道が押さえられてもいます。

自動車業界がかなり行き詰まっていることには理由があるのです。現在まで、既存の車という輸送・移動手段と、化石燃料によったエネルギーシステムを無批判に良しとし、それ以外の新しい手法や技術を隠蔽・抹殺してきた反作用でもあるからです。

この世界が私達に与えてくれていることに感謝するならば、どのような輸送・移動手段やエネルギーを使うべきかは明らかです。現時点では次世代のテクノロジーを与えることは子供に火遊びを教えることになるため情報が制御されています。しかし、暫定的に地球の水や大気を浄化するために水素のエネルギーを利用すべきでしょう。最終的にはフリーエネルギーが鍵になりますが、この部分に関しては意識レベルが変化した後、アトランティス時代に学ぶことになるでしょう。地球温暖化、地球環境の悪化は、私達に本当の原因を真剣に考えるべきであることを促しています。もっと私達は賢くならなくてはいけないのです。マスコミや政府の公表している事だけを鵜呑みにしていては本質は見えてきません。これらの本質に気づけば効果的な改善法が見つかることでしょう。また、水や土壌の化学物質などによる汚染も地球のサイクルを歪め結局は自分に返ってきます。全ては私達のエゴによってなされた原因が生んだ結果に過ぎないのです。

結局の所、現在世界の情勢が良くないのは政治家を含め、自分以外の人が悪いのではなく、自分が悪いのです。私たちの環境が悪いことを政治家任せにしてはいませんか。自分一人では何も変えられないと思っていませんか？　それこそが既存の価値観によって洗脳されたものなのです。相も変わらず権威主義で物事を判断しますか？　学校で教わってきたことを盲目的に受け入れていませんか？　全ては人々をマインドコントロールするため、意識的にも無意識的にも行われてきたことばかりです。

全ての既存体系を疑えと言っているのではなく、物事を見抜く目を持つことを促しているのです。テレビや新聞のニュースなどをそのまま受け入れていませんか？　これらも全て陰で人が情報を操作しているのです。意識しようとしまいと、教育などによって洗脳された意識に基づいて判断したり言葉にしているのですから。

そのように正しい情報をとらえられないために、言った言わない、正しい正しくないというどうでも良いような争いが絶えないではありませんか。それらは、全て自分の見方に起因しているのです。全ては自分がどう見るかだけなのです。そして、どう見ているかがそのまま現象として起こっているのです。現在の地球に起きている現象は全て私たちの見方の結果なのです。このことに気づいたときに、本当の意味でポジティブ大魔王であるイエショア・ベン・ジョゼフが言っていた意味を理解できるのではないでしょうか。「天は自ら助くる者を助く」のです。カルマの法則を真に理解するならば、私達は自分たちの意識が行うことが自分たちに現象として戻ってくるのですから、「剣を持つものは剣によって滅びる」のです。日本の人々よ、現在のアトランティスに従う必要はないのです。

私達は日本人なればこそ、宗教的なしがらみが少なく、そして驕り高ぶりも辛酸労苦も学んできたのには理由があるのです。今こそ武力を完全に捨て去ることを決意すべき時です。それが出来るのは私達日本人だからなのです。

私は国という差別は嫌いです。国益という言葉も嫌いです。選民思想など大嫌いです。私は基本的には好き嫌いは全てが学びの過程であることを知っているので言いませんでしたが、敢えて私自身のアイデンテティとして言っています。今こそ日本が立ち上がるべき時だと思うから、この世界の人々が全ての学びを終えて次のバージョンに行って欲しいから言います。もう争いを終らせましょう、そして愛を実践しましょう。

結局人は常に変化しています。そして、自分の魂の進化を志しています。自分の意識のレベルに合ったことが共鳴・共振の原理で引き寄せられてきます。そして準備が出来たところから受け取れるようになっています。私たちは肉体も物質的な物も肉体の死の後には何一つ持って行くことが出来ません。体験だけが残るのです。魂は常に真理を通しての体験を求めています。3次元での体験に一つとして無駄はありません。無駄だと思うのは自分だけです。必要なことが起こっているのです。そしてこの当たり前のことを当たり前だと思えるようになってきたときに世界は大きくシフトすることになります。

エネルギーを真に理解し、真理に基づいた人としての道を歩むことによって、再び宇宙の仲間入りが出来るようになります。もはや目の前のどうでもいいような価値観に惑わされてはいけないのです。宇宙の一員になったらそれこそとんでもないほどの科学技術が得られます。現在のあなたの宇宙概念はことごとく覆されるでしょう。そして地球では、私たちが本当にわくわくするポジティブな世界が実現します。

現在の科学における概念も、上位次元のエネルギーを含めた概念に変化し、現在の、自然のサイクルを無視したような使い方は一切なくなります。資源を奪い合ったり、争いという非常にエネルギーレベルの低い幼児的アイデンティティはもはや存在せず、教育も真理を教えるようになります。

起こっている現象は私たちが見ている物の投影であることを理解する教育になり、精神レベルと科学レベルが調和したものとなります。この状況は地球の第6文明レムリア大陸の初期段階に非常に似ています。しかし、レムリアにおいてもまだ機が熟していなかったために、人々から真理が失われ、欲による反作用でレムリアは自滅したのです。それも、思い出すことで超えることが出来ます。ネガティブが極めて少なくなるので病気はほとんどなくなり、肉体的な寿命に関しては自分で選択するようになっていきます。精神と物質的な結びつきに関する科学が発達し、私たちの意識が存在する上位次元を科学的に理解できるようになっていきます。

そして、地球に最初の文明が出来た南極大陸から、氷が溶けることによって、封印された文明が現れると、私たち人類はエデンの園が南極にあり、そして地球が魂の進化の学舎として変遷したことを思い出すでしょう。全ては完璧です。私たちがそのことを思い出せば良いだけです。そして、私たちが自ら変わることを決めればよいのです。

宇宙の存在達、上位の周期の存在達は私たちに外的な介入は決してしません。私たちは、彼らの内的な導きによって彼らのレベルと同じ意識レベル（宇宙意識とでもいうようなものです）へ上がって宇宙の仲間入りを果たそうとしています。その時に彼らは初めて私たちを祝福しコンタクトを取ってくるでしょう。しかし、人から言われ従っている限りは決して理解できないように、上の存在達に言われたからということだけでは、宇宙意識へと上がることは出来ません。

自ら気づき自らの意識を変革するしかないのです。そして因果関係の間の時間がなくなったときに存続できる精神レベルに適合すべく私たちは今訓練しているのです。この因果関係の〝間の時間〟がないのが宇宙での状態なのです。そして過去にこの状態に適合できずに自滅してしまった文明があります。今回地球で起きている、宇宙で何度も行われてきたこのバージョンアップは私たち自身の意識にかかっています。

私は当初上の次元の存在達が設定したよりも10年遅れているというメッセージを受け取っていますが、遅いから駄目なわけではなく、遅くとも遅すぎることはありません。しかし、遅れれば遅れるほど厳しい状況になるだけです。全ては私たち次第です。宇宙意識は私たちの既存の価値観の延長線上にはないのです。全てを否定しろと言っているわけではなく、真実を見通す目を持って真理を実行するだけなのです。さあ、今この瞬間から、開いた意識をもってこの地球上で何をするかを自ら選択しましょう。

あとがき

　今、世界は急激にシフトしようとしています。そして今までに経験したことのないほどの苦悩も起こります。その時にこそこの世界の虚構や既存の価値観が覆されるのです。今までの価値観に基づいた世界は終わろうとしています。従って今までの価値観における課題が全て白日の下に曝され、全ての価値観が変化するのです。つまり、この苦悩の時を迎えていることは幸いなことなのです。そのように捉えることが出来るようになったときに、人類は過去に引きずられずに、違う価値観を生み出し、バージョンが上がった次の世代を作れるのです。それが神の千年王国と呼ばれる世界であり、地球は太陽系内の惑星が皆たどった道を最後に歩もうとしています。そして太陽系内の惑星の人々が絶えずサポートしてくれていることを知れば私たちは何も恐れる必要はないのです。全ての二極性を超える鍵は恐怖に打ち勝つことです。それは二極性の中でも最大の生死の二極性を超えること、すなわち私たちが不死を受け入れることです。また、この世界の創造主を受け入れることでもあります。二極性を超えるということは、私が正しくてあなたが間違っているという考え方も超えることなので、地球において意識レベルを支配してきた存在達を許せないという考えすらも超えなくてはなりません。全ては〝気づき〟のために必要なことであったのだと理解することなのです。そして、イエショアがかつて使徒達に言ったように「誰でも幼子のように御国を受け入れる者でなければ、そこに入ることは決して出来ない」この意味はもうおわかりでしょう。この意味を理解して、純粋になり、天の法を地で行うことが出来るようになれば、多くの人々が創造主にコンタクトを取ることになるでしょう。そしてこの世界の真実を知ることになるでしょう。この本がそのきっかけになることを心から願っています。

今まで出会った全ての人に感謝しています。ありがとうございます。そしてご迷惑をお掛けしている人達に謝ります。申し訳ございません。皆さんに会えなかったら今の私は存在していません。そしてこれから会う方々に、お会いできるのを楽しみにしています。

「この世界は本当に良くできている」

◎ プロフィール ◎

佐藤洋行（さとうひろゆき）

福島県相馬郡小高町（現南相馬市）生まれ。東京理科大学理学部物理学科卒業。物理学を志望したのは、高校の時に最も成績が悪いのが物理だったからで、天の邪鬼なため。幼少の時期（５歳頃）に幽体離脱体験をし、月に行った記憶を持っている。大学時代は飲みの席などで盛んに禅問答をしていたことで、宇宙教の教祖とあだ名されていた。流通・広告・セールスプロモーション・玩具メーカーなどでのサラリーマンの経験を通してこの世界の仕組みを理解、その中で自律神経失調症も経験。２００４年７月に神秘体験（覚醒体験）を経験。神秘体験直後に気が狂ったと思われ家族（妻と娘二人）と別居し、後に離婚。神秘体験の後に40日間ほどめんけん状態と超能力を経験。以来霊的なことや、宇宙機との遭遇など数々の超常現象を体験。２００８年８月、処女作「世界を変える本」を明窓出版より出版。現在は、人々に経験から得た知識を伝える活動（執筆・講演）を行う。新宿の図書館カフェＨＡＢＩ　ＲＯＡＤではほぼ毎週土曜日講演会を開催。

無限《むげん》意識《いしき》

佐藤《さとう》洋行《ひろゆき》

明窓出版

平成二十三年三月十　日初　刷発行
平成二十五年四月二十日第二刷発行
発行者――増本　利博
発行所――明窓出版株式会社
〒一六四―〇〇一二
東京都中野区本町六―二七―一三
電話　（〇三）三三八〇―八三〇三
FAX（〇三）三三八〇―六四二四
振替　〇〇一六〇―一―一九二七六六
印刷所――シナノ印刷株式会社
落丁・乱丁はお取り替えいたします。
定価はカバーに表示してあります。
2011 © Hiroyuki Sato Printed in Japan

ISBN978-4-89634-275-8

ホームページ http://meisou.com

世界を変える本

佐藤洋行

この世界は常に真理の中にあります。しかし、それを知ること、感じることができるかは、すべて自分次第です。真理を知る「気づき」は、自分以外の誰も代わりに行うことは出来ません。常識という情報操作の集積によって作り出された幻想から醒め、真理を知るきっかけとしてこの本は著されました。現在は、自分たちが創り出した原因によって自分たちが苦しむという連鎖の循環にはまっています。そして、この連鎖を断ち切り、真の意味で開かれた文明を創り出すかどうかは他でもない私達自身にかかっています。 私達は全て地球上に暮らしている地球人であり、皆地球の恩恵の元に生きている家族なのです。この本を読めば常識が覆されることでしょう。私達自身の手によって、世界は必ず変えられます！！

（読者さまからの感想文）本を読んでも、ただ経験や情報を羅列しているだけで読み終わった後には、「それで私は何をすればいいの？」と未消化のまま終わることが多いのですが、この本は私たちが今どうあるべきか、真理に目覚めどう変わっていったらいいのかとを教えてくれます。題名は「世界を変える本」とビッグタイトルですが、結局、真理を知り、宇宙の法則を知る人の数が臨界点を超えたとき、世界は急激に変わるといいます。

ウロボロスの円環は輪廻転生を表し、それは世界が終わりなき円環運動をしている事を象徴しているそうです。しかし、かごめ唄の「夜明けの晩」にあるように今は夜明け直前の最後の時。この輪廻から抜け出し、宇宙の親交世界に仲間入りができるのか…苦しい今こそより多くの人に伝えていきたい本だと思います。 定価1365円

神の戸開き

佐藤洋行

今回の生における私という存在は、この世界では先駆者という役回りである事を、覚醒体験直後に宇宙の存在たちに聞かされていました。すでに明窓出版から単行本として出した前２作は、そのステップとして重要な意味を持っていたと感じています。

人によっては、この本を読んだ直後から起こるであろう事は、私が体験した事と意味合いにおいて同じだと思います。そして、そのような人が沢山現れる事を期待しています。

（中略）

最近時間の進み方をやたら速く感じる人が多いと思います。１ヶ月前の事が何年も前の事のように感じる事もあるでしょう。それほどに変化のスピードが早まっているのです。そして、この事が意味するのは、私たちの観念が変化すれば以前よりもはるかに速く現象が変化する事を意味しています。


剣山でのでき事／久万高原／神戸でのでき事／かごめ唄／七福神とパラレルワールド／再び剣山へ／建勲神社から鞍馬のウエサク祭へ／神とのパイプ／天日津久神社と青龍回り／乗鞍高原セミナー／皆神山／位山での天岩戸開き／岐阜の戸隠神社／御嶽山の封印解き／白山登山／かっぱのミーちゃん／富士山前夜／六甲山周辺の神社・お寺巡り／富士山初日／富士山２日目／木之花佐久夜姫／なぜ「太」なのか？／太祝詞／日蓮の本音／岩船山／西脇市の「日本のへそ」と椋白龍神社／天狗高原／今後の動き

定価1500円

神の戸開き　2

佐藤洋行

岩戸開きや、神界の立て替え・立て直しの最新レポート。
この劇的な変化への対応と、魂のバージョンアップにとても役立ちます。本当の意味で開かれ、木之花咲耶姫になる世界を自ら創造するために。

「この世界はパラレルワールドになっています。自らネガティヴな想念を引き寄せている魂に関してはもはや自ら気づいて変化するより仕方がありませんが、情報操作から醒めた魂は変化を受け入れ前向きに進んできています。これからの地球における変化に対する、生き方、考え方のガイドラインとして本書を記しました」

再び、剣山へ／そして唐人駄馬遺跡へ／久万高原町／清瀧権現堂／羊蹄山／宮島／東京十社巡りと日比谷神社／高千穂／竈神社から宇佐神宮／戸隠神社、御嶽山、位山／九頭龍神社と神戸岩／鳥取から出雲へ ／隠ヶ丘から八雲山／黄泉津比良坂／大国主神立て／船通山／鞍馬から大和三山／峰山高原での出来事／山住神社、秋葉神社／東国三社――鹿島神宮・息栖神社・香取神宮／榛名神社／再び羊蹄山へ／岩戸寺・猪群山／宗像大社・宮地嶽神社／武蔵御嶽神社・三峰神社／事任八幡宮・阿波々神社／役の小角、廣峰神社／莸窪天祖神社・三峰神社／白山比神社・金剣宮・瀬織津姫神社・九萬坊／加波山／猪群山のストーンサークル／広島講演、塩屋神社／小國神社、塩井神社、龍尾神社／伊佐須美神社、織姫神社、足利富士／水上温泉／青函トンネルと札幌御嶽神社、東神楽神社／富士山ツアー／大湊神社、三国神社、安宅住吉神社／大風の意味、そして再び鞍馬山／耶馬溪、八面山、宇佐八幡／石城山／三輪山／熱田神宮から伊勢へ

定価1575円

キリストとテンプル騎士団

スコットランドから見たダ・ヴィンチ・コードの世界

エハン・デラヴィ

今、「マトリックス」の世界から、「グノーシス」の世界へ
ダ・ヴィンチがいた秘伝研究グループ「グノーシス」とはなにか？
自分を知り、神を知り、高次元を体感して、キリストの宇宙意識を合理的に知るその方法とは？
これからの進化のストーリーを探る！！

キリストの知性を精神分析する／キリスト教の密教、グノーシス／仮想次元から脱出するために修行したエッセネ派／秘伝研究グループにいたダ・ヴィンチ／封印されたマグダラの教え／カール・ユング博士とグノーシス／これからの進化のストーリー／インターネットによるパラダイムシフト／内なる天国にフォーカスする／アヌンナキ —— 宇宙船で降り立った偉大なる生命体／全てのイベントが予言されている「バイブルコード」／「グレートホワイト・ブラザーフット」（白色同胞団）／キリストの究極のシークレット／テンプル騎士団が守る「ロズリン聖堂」／アメリカの建国とフリーメーソンの関わり／「ライトボディ（光体）」を養成する／永遠に自分が存在する可能性／他

定価1300円

エデンの神々

陰謀論を超えた、神話・歴史のダークサイド

ウイリアム　ブラムリー著　南山 宏訳

歴史の闇の部分を、肝をつぶすようなジェットコースターで突っ走る。ふと、聖書に興味を持ったごく常識的なアメリカの弁護士が知らず知らず連れて行かれた驚天動地の世界。
本書の著者であり、研究家でもあるウイリアム・ブラムリーは、人類の戦争の歴史を研究しながら、地球外の第三者の巧みな操作と考えられる大量の証拠を集めていました。「いさぎよく認めるが、調査を始めた時点の私には、結果として見出しそうな真実に対する予断があった。人類の暴力の歴史における第三者のさまざまな影響に共通するのは、利得が動機にちがいないと思っていたのだ。ところが、私がたどり着いたのは、意外にも……」

（本文中の数々のキーワード）シュメール、エンキ、古代メソポタミア文明、アブダクション、スネーク教団、ミステリースクール、シナイ山、マキアヴェリ的手法、フリーメーソン、メルキゼデク、アーリアニズム、ヴェーダ文献、ヒンドゥー転生信仰、マヴェリック宗教、サーンキヤの教義、黙示録、予言者ゾロアスター、エドガー・ケーシー、ベツレヘムの星、エッセネ派、ムハンマド、天使ガブリエル、ホスピタル騎士団とテンプル騎士団、アサシン派、マインドコントロール、マヤ文化、ポポル・ブフ、イルミナティと薔薇十字団、イングランド銀行、キング・ラット、怪人サンジェルマン伯爵、Ｉ　ＡＭ運動、ロートシルト、アジャン・プロヴォカテール、ＫＧＢ、ビルダーバーグ、エゼキエル、ＩＭＦ、ジョン・Ｆ・ケネディ、意識ユニット／他多数　　定価2730円